POÉSIES
PATOISES

PAR L'ABBÉ GUSTEAU

ORNÉES D'UN PORTRAIT DE L'AUTEUR

SUIVIES

D'UN GLOSSAIRE POITEVIN

PAR M. PRESSAC

Sous-bibliothécaire de la ville de Poitiers.

POITIERS
1855–1861

HENRI OUDIN, IMPRIMEUR-LIBRAIRE

RUE DE L'ÉPERON, 4.

POÉSIES PATOISES

PAR L'ABBÉ GUSTEAU

ORNÉES D'UN PORTRAIT DE L'AUTEUR

SUIVIES

D'UN GLOSSAIRE POITEVIN

PAR M. PRESSAC

Sous-bibliothécaire de la ville de Poitiers.

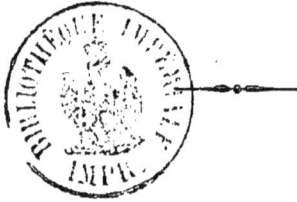

POITIERS

1855–1861

HENRI OUDIN, IMPRIMEUR-LIBRAIRE

RUE DE L'ÉPERON, 4.

1861

POÉSIES POITEVINES.

TABLE DES MATIÈRES.

—

AVERTISSEMENT.

—

Les cinq premières feuilles de ce volume étaient tirées, et les épreuves de la sixième corrigées, quand M. Pressac a été enlevé à sa famille, à ses collègues, à ses amis.

La publication à laquelle il avait consacré les dernières heures d'une activité toujours exemplaire, a été abandonnée depuis.

La Société des Antiquaires de l'Ouest croit, en la complétant, acquitter sa propre dette envers deux écrivains chers au Poitou.

———

★★

BIOGRAPHIES

L'ABBÉ GUSTEAU ET DE M. PRESSAC.

—

L'abbé Gusteau a manié avec constance et bonheur un instrument rebelle : le patois poitevin. M. Pressac, biblio-phile éminent, a voulu rappeler ce rimeur naïf de l'oubli. Surpris par la mort en 1855, comme l'avait été le saint prêtre en 1761, il a laissé son œuvre inachevée. La Société des Antiquaires de l'Ouest honore le maître et le disciple, en achevant d'éditer les vers du prieur de Doix, et le glossaire écrit à cause d'eux par le sous-bibliothécaire de la ville de Poitiers. Ce que furent l'abbé Gusteau et M. Pressac, il appartient à cette Compagnie de le dire, car leurs titres respectifs à la gratitude des lettrés et des doctes ne sont pas assez connus. Le premier est né le 16 mars 1699, dans la noble cité qui compte parmi ses en-fants Rapin et Besly, Viète et Brisson, Tiraqueau et Bel-liard. Il eut pour père et mère François, marchand à Fontenay, et Marguerite Royer. Il était : le 30 novembre 1720, clerc tonsuré du diocèse de La Rochelle ; le 22 avril 1722, pourvu, sans avoir dépassé le diaconat, de la cure de Saint-Hilaire de Champagné, une des paroisses du marais de Luçon ; le 21 décembre 1730, prieur de Doix, aux portes de Maillezais. Le seigneur du lieu était M. de

Turgot, un de ces habiles à bien dire et à bien faire, qui rendaient alors, si différente de ce qu'elle a été depuis, la vie des champs pour les riches, les pasteurs des âmes, les humbles par état autant que de cœur. C'est dans ce bénéfice, à la collation de l'abbé de Nieuil, et dépendant de l'archiprêtré d'Ardin, qu'il partagea sa vie entre son église et les créatures de Dieu, les lettres qu'il appelait poitevines, et la prédication sans art sinon sans étude. Sa plume était facile, nous n'oserions dire féconde, en présence d'un recueil formé des dix-sept joyaux de sa couronne. Ses noëls jouirent dès leur apparition d'une popularité si grande, que son nom se détacha d'eux. A-t-il écrit d'autres poésies patoises? c'est vraisemblable. Mais le manuscrit sur lequel ont été relevés les textes auxquels le public rendra les applaudissements d'autrefois, ne contient que ceux-là. Dans le même registre sont reproduits, et en grand nombre, ses noëls français. Nous possédons en outre un acrostiche à double chaîne, inspiré par l'admiration dont était si digne le vaillant en charité Grignon de Montfort. On aimait à craindre autour de messire le prieur qu'il ne fût réservé aux honneurs de la prélature, personne n'a dit qu'il eût jamais imploré d'autre grâce que celle de mourir sur les marches de l'autel. Au jour commémoratif de la Passion du Sauveur, le 22 mars, cette fin bienheureuse a été la sienne. Pendant qu'il accomplissait le plus auguste des devoirs de son ministère, il fut foudroyé par une attaque d'apoplexie. On l'entendit balbutier ces paroles : *Heureux celui qui meurt les armes à la main ;* et il alla où la palme immortelle attend les justes. Ses obsèques furent un adieu plein de solennité

et de larmes. La foule émue déposa ses restes au centre
du cimetière de Doix. *Le bien méritant prieur*, dit son
épitaphe, *avait gouverné 31 ans la paroisse*, dont un de
ses neveux a été curé après lui. Sa famille est aujour-
d'hui représentée par M. Gusteau, propriétaire à Cours ;
le notaire honoraire, M. Lestang, juge de paix du canton
de Coulonges ; M. Lestang, frère de ce dernier ; M. et
Mme Grippeau ; M. Frère.

Cette parenté est moins nombreuse que les éditions de
ses Noëls poitevins et français. Les exemplaires de chacune d'elles sont devenus si rares que les plus minutieuses
recherches n'en ont fait arriver en nos mains que deux
sans lacune. On admet qu'il en a été publié trois au moins
avant sa mort ; la vérité est que les deux premières, tirées
à trois mille, ont été suivies d'autres, dont les véritables
dates n'ont pas été indiquées. Un permis d'imprimer re-
monte à 1756 ; cette date doit être celle de la 3e édition,
puisque dès 1742 paraissait, avec un avertissement de
l'hauteur, qui alors gardait l'anonyme, *l'édition nouvelle*
livrée aux fidèles sous ce titre : *Noëls nouveaux, dans
tous les stiles, pour les différents goûts, par un pasteur, à
Fontenay, chez Jacques Poirier, imprimeur du Roy, de la
ville, du collége, et marchand libraire.*

Nous ne hasarderons aucune critique sur la *Pastoralle
en Cantiques pour servir de réjouissance aux familles
chrétiennes, présent fait à la jeunesse et à l'imprimeur ; à
la jeunesse, pour la conduire à Bethléem à peu de frais,
et à l'imprimeur, avec l'espérance que le nombre des livres
qu'il faudra pour les personnes qui représenteront la pièce,
luy procurera un plus prompt débit.* Mais nous exprime-

rons le regret que le pieux fantaisiste n'ait pas *cherché chez les musiciens, la plupart des airs destinés pour servir à ces Noëls, communément assez simples quoiqu'exacts dans le dogme,* puisque le chantre de Vivonne (1), devenu l'idole de la cour par la douceur et l'élégance de ses mélopées, avait été enlevé à ce monde peu d'années avant que l'abbé Gusteau y entrât lui-même.

Dans cette édition précieuse à tant de titres, se trouvent une notice historique sur la ville de Fontenay ; *l'empressement de la ville de Fontenay-le-Comte au sujet de la naissance du Messie, Noël composé par affection pour ma patrie sur l'air : pour la Bergère Nanette, ou ton humeur est, Catherine, plus aigre qu'un citron vert* ; enfin la gravure sur bois représentant les armes de Fontenay accompagnées des vers suivants :

> Source des beaux esprits, précieuse fontaine
> Dont les eaux de cristal coulent depuis longtemps
> Pour la sage Thémis comme pour Melpomène,
> Loin de vous dessécher, redoublez vos torrents.
> Pour le bien de l'état féconde et généreuse,
> Que votre onde jamais ne devienne bourbeuse ;
> Faites fleurir les arts par vos douces fraîcheurs,
> Et vous serez toujours, malgré la noire envie,
> Oh ! Fontenay, la demeure chérie
> Du Dieu Phœbus et des neuf sœurs.

Cette édition contient 84 pages, tandis que la 3e se compose de 120. Celle-ci a été publiée sous le nom de

---

(1) Lambert, né en 1510, mort en 1696, protégé de Richelieu, précurseur et beau-père de Lully.

Mr. Fr. Gusteau, à Fontenay, par l'imprimeur du roi, Chambonneau. Les exemplaires qui nous en ont été communiqués portent la fausse date de 1776. L'avertissement qui y a trouvé place est conçu en d'autres termes que celui de la 2e. Augmentée d'une gravure sur bois qui représente le roi David, chantant sur la harpe ses psaumes au pied du tabernacle, elle a servi de type à toutes les suivantes, notamment celle de 1789, différente d'elle quoique qualifiée aussi 3e édition, et contenant plus de 120 pages.

Le vénéré Gusteau a préparé longuement une histoire de sa ville natale dont le manuscrit paraît perdu, et donné ses soins à un médailler, mentionné par son savant et infatigable compatriote, M. Fillon. Son portrait a été conservé. M. Birotheau, professeur de dessin à Fontenay, en a relevé la copie jointe à ce volume.

Jean-François Pressac, est né sur le domaine de ses pères, à Courcosme, département de la Charente. Fils de Jean et de Marie Boulanger, celle-ci originaire de la Meurthe, il a vécu cinquante ans à peine, laissant après lui, le 23 août 1855, la veuve et les enfants aimés, auxquels il était d'autant plus nécessaire que ses labeurs sont demeurés ingrats.

Élève de la Grand'Maison à Poitiers, du Petit-Séminaire de Bressuire et du Collége de Niort, volontaire à dix-huit ans dans l'arme du génie, il a fait sous le drapeau de la garde royale la campagne de 1823. Son séjour en Espagne lui rendit cher le pays dont il étudia sérieusement la langue et les annales. Il avait quitté le service avant de se marier. Ces deux changements dans son exis-

tence lui donnèrent pour domiciles successifs Bordeaux
et Béruges. Bientôt rien ne le détourna d'une vocation
scientifique plus puissante sur lui que ses intérêts ma-
tériels. Depuis 1836 les rangs de la Société des Antiquaires de l'Ouest lui avaient été ouverts. Deux années
s'écoulèrent, et il fonda son principal établissement à
Poitiers. Le 10 décembre 1838, il fut nommé sous-bibliothécaire de la ville. Les fonctions, à l'exercice desquelles
tout l'avait prédisposé, lui furent conservées jusqu'à sa
mort. Le 27 juillet 1855, il ressentit les premières attein-
tes d'un mal cruel : la fièvre tiphoïde. Trois semaines
après, il rendait son âme à Dieu. Son héritage intellec-
tuel serait riche si ses manuscrits avaient été retrouvés
dans l'humble demeure, pleine de son souvenir. Mais sa
création capitale, *la bibliographie méthodique de tous les
ouvrages écrits sur le Poitou ou en Poitou*, a disparu. Les
procès-verbaux de nos séances attestent qu'il en avait
communiqué de nombreux fragments à la Société. Espérons que s'il a déposé quelque part, ou prêté à quelques
amis ces fruits de longues veilles et d'une critique toujours patiente et toujours sûre, ceux dans lesquels il
revit et qui le pleurent, liront à leur tour les pages où sa
science et son goût se sont abondamment répandus.

M. Pressac laisse inédits, outre cette vaste et doctri-
nale composition : 1º l'histoire et le cartulaire de l'ab-
baye de Nanteuil-en-Vallée, annoncés par lui dès 1852 et
perdus aussi peut-être; 2º un recueil de proverbes espagnols; 3º une nomenclature raisonnée des imprimés et
des manuscrits ayant pour objet notre Mélusine, travail
difficile, entrepris par lui pour servir de complément aux

deux mémoires, publiés sur ce personnage légendaire
par le président Babinet. Une partie en a été imprimée
aux frais de ce dernier; on ne sait où et quand se retrou-
vera la seconde. Les feuilles qui attendent leur complément nécessaire, décrivent les 31 ouvrages publiés en
français, les 33 ouvrages publiés en langues étrangères,
et 13 manuscrits seulement. Sa plume hélas! s'est arrê-
tée au début de sa thèse sur Coudrette, l'émule et con-
temporain de Jean d'Arras, le dévoué chapelain du seigneur de Parthenay, et si la fin de cette remarquable étude
sollicitait un jour la faveur publique, le renom de M. Pressac s'étendrait beaucoup.

Le temps a manqué à ce savant pour achever : 1º Un
glossaire poitevin ; 2º ses recherches sur les anciens dialectes aquitains et provençaux, catalans et aragonais ;
3º l'histoire de la Bibliothèque de la ville de Poitiers depuis son origine jusqu'à nos jours ; 4º La réédition des
amours de Colas, *Comédie Loudunoise, en beau langage,
dédiée à MM. les Œconomes de la Tour-Volue.* Ces cinq
actes, fidèle et piquante esquisse des mœurs du 17e, publiés à Loudun en 1691 et 1732 par un homme du monde
dont le pseudonyme Saint-Long garda mal le secret, ont
été rendus en 1843, par M. Brunet, de Bordeaux, aux
amis des langues qui se perdent. M. Pressac était encou-
ragé à remplir une telle tâche par l'estime de son devan-
cier pour lui et M. Poirier, de Loudun. L'avant-propos du
livre imprimé à Paris par Techener, contient ces lignes :
« C'est pour nous un devoir de restituer à l'un et à l'autre
le mérite de ce que renferme d'intéressant le travail que
nous mettons au jour. Nous ne saurions trop reconnaître

le zèle empressé et le savoir de ses Bibliophiles distingués. »

La valeur scientifique de notre regrettable collègue ne pourra donc être appréciée qu'imparfaitemeut à l'avenir, malgré l'incontestable mérite des ouvrages dont voici les titres :

· La Ministresse Nicole, dialogue poictevin de Josvé et de Jacot, et l'histoire au vray de ce qui arriva chez le ministre Dvsov, et dans le temple des huguenots de Fontenay, le premier jour de may 1665. Poitiers, Oudin, 1846, petit in-12 avec notes et glossaire.

L'Avant-Propos de la nouvelle édition de Liberge, ce bon livre où MM. Beauchet-Filleau et de Chergé ont mis avec lui la main. Poitiers, Létang, 1846, in-8°.

L'Histoire de la bibliothèque de la ville de Poitiers, jusqu'au 1er janvier 1845, bulletins de la société, 1848, réimprimée à Poitiers; même année. Dupré, in-8°.

La Notice généalogique, biographique et littéraire sur Jacques du Fouilloux, gentilhomme poitevin. Mémoires de la Société, 1850, réimprimée à Poitiers, 1852. Dupré, in-8°.

La participation de M. Pressac, aux travaux de la Société a été trop active en tout temps, pour que les résultats en puissent être énumérés ici. Nous n'indiquerons parmi eux que ses substantielles notices sur :

La Roupte et deffaicte du camp de M. de Maliconne devant la ville de Poitiers.

Le Discours de l'heureuse et signalée victoire qu'il a plu à Dieu d'accorder au prince de Conti sur les rebelles ligueurs du Poitou.

La Chasse royale donnée aux rebelles du bas Poitou.

Le Ravissement du sieur de la Vallade par Métayer, ancien ministre à Lusignan , converti.

La Pierre sacrée provenant de l'autel consacré en août 1652 , par l'évêque de Bazas , dans l'église des religieux du Calvaire à Loudun.

M. Pressac a été élu successivement, questeur et membre du conseil d'administration de la Société. L'année même de sa mort, il a été loué dignement par le trésorier M. Rédet , dans la Revue de l'Ouest ; par le secrétaire , M. Ménard , en son rapport sur l'exercice qui nous a séparés de Faye, de Challaye, Bourgnon de Layre, Babinet, et du jeune Calmeil.

Le style c'est l'homme ; celui de M. Pressac est correct, sans ornementation vaine, concis et ferme. Les amis qu'on distingue ou qui se donnent à nous, sont autant de gages fournis à l'opinion , juge naturel de tous ; M. Pressac en a eu d'honorés et de fidèles. Le milieu dans lequel on se maintient est une révélation de ce que cachent plus ou moins en nous la pudeur de l'âme, la retenue de l'esprit ; M. Pressac s'était fait une bibliothèque qui suffirait à son éloge. Nous ne dirons d'elle qu'un mot : la ville de Poitiers en ne l'achetant pas, les érudits de la province en ne se la partageant pas, ont appauvri la contrée où règnera toujours le sens de l'utile, l'amour du passé.

Attachant du prix à tout ce qui constitue le livre , M. Pressac avait réuni dans ses collections les papiers d'imprimerie les plus variés et les plus rares, les spécimens des caractères typographiques les plus estimés, les reliures les plus soigneusement traitées par les maîtres en cette partie. Ces trésors amassés à grand frais, avec autant de zèle que de lenteur, sont dispersés sans retour, sans avoir même procuré à sa famille le recouvrement des sommes considérables représentées par eux. Rien ne dure en ce siècle, et l'esprit de suite ou de concentration n'y fait plus que des victimes.

L'abbé Gusteau et M. Pressac ont su apprendre et enseigner. Ces pages et le livre à l'occasion duquel elles ont été écrites, sont deux hommages de plus justement rendus à leurs mémoires.

Poitiers, ce 11 septembre 1861.

Le Président de la Société des Antiquaires de l'Ouest,

GUSTAVE BARDY.

NOELS.

PROPHÉTIE

AU SUJET DE LA NAISSANCE DU MESSIE (1).

Paraphrase du 7ᵉ chap. d'Isaïe.

Sur l'air : *O la haut Pérochon.*

Nos dévanciers disant
Que le sage Isaïe
Enseigne clairement,
Dans ine Prephétie,
Qu'in jou deux chétis héares
Vinguirant vers quiau lon,
Pre nous faire la guiarre,
Mais qui les vainquirons.

Chantons Noel, Pearete,
Allons, gué mes enfans,
Netre joie est parfaite ;
Y voisons le bon temps.

In diebus Achas ascendit Rasin Rex Syriæ, et Phaceæ Rex Israël, in Jerusalem, ad præliandum contra eam.
Isaïæ, VII, 1.

1

Acaz, Roi de chez nous,
Ou trop foïble ou trop lâche,
Les voyant oguit poux ;
Car o faut que te sache
Qu'in Roi l'envoyit quiare ,
Disant : venez chassay
Quies coquins de mes téarcs,
Gle me font endévay.

    Chantons Noël , etc.

Misit autem Achas nuncios ad Teglatphalasar Regem Assiriorum , dicens : Ascende et salvum me fac de manu Regis Syriæ. 4 Reg. V. 7.

O l'étoit fait de ly ;
Mais Dieu , dans sa colere,
Se daignit souveni
Que glétoit netre pere.
Glenvoyit son prephete
Qui , de quiau pauvre Ras,
Parlant à la Beurette,
Dissit : écoute Achas.

    Chantons Noel , etc.

Et dixit Dominus ad Isaiam : egredere in occursum Achas... et dices ad eum. Isaiæ, VII, 5.

Ne crains jà quiès coquins;
Dieu , cas que te l'offence ,
Dans son peuple a quéquins
Qui valant que gly pense :
Quiès Princes daux armées
Sont comme daux tisons ;
Ne crains point lau fumée ,
Car t'en aras raison.

    Chantons Noel, etc.

Noli timere, et cor tuum ne formidet à duabus caudis titionum fumigantium istorum... non stabit et non erit istud. Ibid. 4. 7.

Si tu ne me crais pas ,
Demande daux miracles ,

Pete tibi signum à Domino deo tuo in profundum inferni, sive in excelsum suprà. Ib. 11.

Tant la haut que ça bas,
T'en aras sans obstacle;
Te voiras clair à l'hure;
Si te doute trejous,
Téras, sais-en bay sure,
Aillou planter daux choux.

Chantons Noel, etc.

Achas fut bay content
Quand glentendit quiès tarmes;
D'abord gletoit tremblant,
Mais, devenu pu fearme,
Gledissit : Dieu ne veille
Qui tante mon Seignou
Pr'obtenir dau merveille !
Qui ne say jà si fou.

Chantons Noel, etc.

Et dixit Achas : non petam, et non tentabo Dominum. Ibid. 12.

Eh bay donc se dissit,
Apres quieu, le prephéte,
Famille de David,
Dont la pearte y regréte,
Ve contristé les houmes,
Et jusqu'à vetre Dieu;
Mais sa bonté ve soume,
D'espérer malgré quieu.

Chantons Noel, etc.

Audite ergo domus David : numquid parum vobis est molestos esse hominibus, quia molesti estis et deo meo? Ibid. 13.

Pre faire concevoy
Que Dieu taint sa parole,
Et que, de quies deux Roy,
L'entreprise étoit folle,

Ecce Virgo concipiet, et pariet filium, et vocabitur nomen ejus Emmanuel. Ibid. 14.

Une Vierge sans houme
Arat, dito le Ciel,
In fail qu'o faut qu'on noume
Le grand Emmanuel.

      Chantons Noel, etc.

L'Emmanuel promis
Est le Dieu que les Anges
Avant dit qui s'est mis,
Sus dau foin, dans dau langes:
Allons l'y rendre homage,
Et le remerciay;
Prenons en le courage,
En ly faut esperay.

      Chantons Noel, etc.

Precas fouire de vous,
Mon Jesus, mon refuge;
O l'est vrai que j'ons pous:
Ve zete netre juge;
Mais, ce qui nous console,
Ve zete notre ami;
Et sus quielle parole
Nos cœur sont rafermi.

      Chantons Noel, etc.

AUTRE

SUR LA CONCEPTION IMMACULÉE DE LA MÈRE DU MESSIE.

Sur l'air : *O l'etet in Monsieu qui at écarté sa mie.*

De toute éternité,
Aux Ceaux fut arrêté,
Qu'o faudret ine Mere
Au fail de Dieu le pere.

Quiau qui la choisissit,
O fut le Saint-Esprit,
Qui la prit la plus belle
Qui fut so les ételles.

Ly même la rendit
Telle que gle velit ;
Et, prembély sa face,
Gle l'ornit de sa grace.

Pis, velant empéchay
Qu'o ne se trouvit ray
Qui souillit sa naissance,
Gle sy prenit d'avance.

Quand donc o l'arrivit
Qu'Anne la concevit,
Glempêchit que sen âme
Ne devainguit infàme.

Le démon veloit bay
De son cœur s'emparay,
Mais Dieu ly fit connaître
Que gnen seret jà maître.

Quemant, se disit-y,
La Mere de mon fils
Seroit ta chambriere?
Faut-il que tu l'espere?

Va, je tau prometi
Quand je te maudissi;
Son pé, maligne Bête,
Ecrasera ta téte.

Dans la Loi qui disoit
Que l'homme périroit,
La Vierge, que je prise,
Ne fut jamais comprise.

Le péché quo lavant
Les mortels qui naissant,
Ne fut point l'héritage
D'ine fille aussi sage.

Je peux l'en exemptay,
Comme aux autres l'otay;
Puisqu'y veux qu'à me sarve,
Ma grace l'en présarve.

Vas-tan, maudit Satan,
Bouilli dans ten étang;

Ta griffe, sus Marie,
Ne sera jà souffrie.

Après moi dans les Cieux,
Sus tous les Bienheureux,
Pr'être récompensée,
A se verrat placée.

Pre toi, vilain Démon,
Pre ta punition,
En maugrayant ta vie,
Te l'aras pr'ennemie.

A serat, tous les jours,
Et l'aide et le recours
De quielay de ses freres
Qui la prendrant pre mere.

Tous les dons qui feray,
A quiea que j'aimeray,
Découlerant par elle,
Dessus chaque fidele.

Les Houmes.

Ah ! j'au reconnoissons,
J'au voyons, j'au sentons,
Ve zete netre amie.
Boune Vierge Marie.

Priez trejous pre nous,
Qui soumes tous à vous ;
Si vezavons pr'avocate,
Satan mordrat sa patte.

PRESENT DAU PASTUREA,

NO POITEVINEA EN RIME EN OT.

Sur l'air : *Quand un bon vin meuble mon estomach.*

Vesin Colas, dame, o lest à quiau cot
Quo faut prenre en moin ses deux bot
Et pi couri le trot ;
Le trot et la galipotte,
Sans soulai ni bot ni botte,
Pu vit quin mulot,
Pr'alay voi, dans la grange à Guillot,
In Dieu dans in maillot,
Qui *grand* paroît *petiot.*
Glest si bea, si doux, si dévot,
Que glāt charmé Margot.

Glat, disant-ail, glat dessus son jabot,
De nos péchés in grous fagot,
Qui ly peze beacot.
Prin grous fagot de la sorte,
Nearme n'a les moins prou forte,
Tretout sont manchot :
Mais son sang qui poirat netre écot
Le levrat tout din cot,
A ce qu'o dit P'érot,
Et baillerat au diable in talbot,
Pre le teindre au cachot.

O paressit arser in Angelot,
Emplumassé quemin Linot,

Brillant quemin fallot ;
Glanoncit quiélay nouvelles
Qui , dans beacot de cervelles ,
Causant dau chacot.
Herodea , cas que gnen soune mot ,
Sant tout fret son pirot
Et se mord le balot ,
Craignant de se trouvay penot ,
Et moins qu'in ra d'Yvetot.

Luc et Robin n'ant ja le poussiot ,
Car , prevoy l'enfant joliot,
Gle courant le galot.
Pre Cathelinette a vole ,
Dansant après la pibole
Dau cousin Furgot ,
Qui condit Jacquet qui porte in pot ,
Rempli de Babijeot ,
Pre le petit belot.
Ah ! tas raison , belle Catot ,
Car y gagnons beacot.

Le grand Sifeart , et le négre Astharot ,
Baissant le nez , transi , capot,
Et poussant dau sanglot ,
En voyant que lau puissance
Va tomber en décadence ,
Queme lau tripot.
Mais les Saints , in Abraham , in Loth ,
Pu vifs que dau Bichot ,

Chantant nau de complot ,
Et louant le Dieu *Sabahot* ,
Qui sauve zeaux étot.

   Que portrons jy pr'amusay le Poupot ?
Y ay bay chez nous in Echarbot
Qui fait le moulinot :
Dame , jamais gne s'arrache
Dau paper voure y l'attache.
Offrons–ly , Rigot ?
Ah ! Colas , ne séchons pas si sot ,
Le grand Dieu pense trot
A ce qui perdit tot ,
Pre s'occupay , quemin marmot ,
Din Osea , din Barbot.

   Gle disant quy que le cousin Frifot ,
Mathieu Robin , Jacques Guillot ,
Ly portant dau fagot ;
Et que Jeannette Sagotte ,
Et la vesine Ribote ,
Fant bouillir son pot.
Quieut fort bay , mais quieu n'est pas le tot ;
Car , cas que gne dit mot ,
Quiau Dieu , mon cher Pérot ,
Veut aver nos quieurs pre son lot ;
Nous demande-teil trot ?

   Que les grands gens qui faisant dau fassot ,
Tiriant de laux estipot
De l'or à plein sachot.

Pr'eday de pauvre ine troupe,
Que glempissant de soupe
Tretous lau carot ;
Et qu'au lieu de jouay au tripot,
Au piquet, à Gringot,
De mangeai dau turbot,
Gle se mortifiant bencot :
Glaux zaime meux Rigot.

COMPLIMENS DAU BREGEAY,

Sur l'air : *En passant par un échalier.*

Perot, quiarche ton chalumeas,   *bis.*
Plante m'iqui tous tes agneas,
Et t'en vains oque nous ;
Vains voi quieque chouse de beas,
Que j'allons voir tretous.

In Onge, aveque dau plumet,   *bis.*
Vaint de m'avreti qu'à minet,
O l'est né, chez Colas,
Sus de la paille, dans son tet,
Daux Enfans le pu beas.

Allons trechay quiau doux Poupon ;   *bis.*
Gle merite bay qu'y courgeons,
Car glest, se disant-ail,
Le Ras daux Cieux que j'attendons,
Et d'au bon Dieu le Fail.

Séchons rendus tout d'au premay ,   *bis.*
Pre le besay , pre l'adoray ,
Pre chaufay ses drapeas ,
Pre bufay son feu , pre tiray
De l'éve en ses seillas.

PEROT.

Oui , mais velat men embarras ;   *bis.*
Que dire , quand je srons là-bas ,
Pre netre compliment ?
Sçà , Grigot, que diras-tu, tas,
Quand tu voiras l'Enfant ?

GRIGOT.

Y l'y dirai , mon bon Seignous ,   *bis.*
Ayez soplait pldé de nous ;
Ah ! qui srions ravis ,
De voir le Maître de tretous
Dans in pu bea logis.

COLIN.

Y cré, ma , qui ferout fort bay ,   *bis.*
Si le voisons, de le priay
De béni nos Troupéas ,
Nos Beux, nos Vaches, nos Vachay ,
Nos Moutons, nos Aigneas.

GEORGET.

Per ma , qui sai trop pois hardi ,   *bis.*
Y tirray le pé devers ly ,
Sans autre compliment ;

Gle lirat en mon quieur qui dy,
Qui l'aime grandement.

COLIN.

Quieu bay dit, car, pre les grans Gens,   *bis.*
O sont de pauvres complimens
Quo fant gens comme nous ;
Quand y font sus tous les savans,
Y passons pre dau foux.

ROBIN.

Y en ai pretant bay fait in bea,   *bis.*
Pre le dressay j'étions tra,
Et j'avons bay sué ;
Regardez si gne cadre pas,
Gle ma presque tué.

Après avoi pris moun bounet,   *bis.*
M'être mouché pr'être bay net,
Et fait les baisemains,
De mon Pere, et pi de Jacquet,
Y diray, si je ne crains :

Mon bon Jesus, quand y ve voy,   *bis.*
Mon quieur est farfouillé de joy,
L'aise me fait chantay ;
Qui me doune à vous mille foy,
Et qui veut ve zaimay.

Hier au ser j'étas dans mon lit,   *bis.*
Quand l'Ange, comme çà, me dit
Que vous étiez naquiu,

Je parta dré le premier brit,
Et me vela vainguiu.

   Mon Grand-pere autrefois lisa,   *bis.*
Dans in saint Livre qu'il boutra,
Que vous deviez veni;
En mourant il me prescriva
De tourjou vous servi.

   Faites-moi savoy, sans façons,   *bis.*
Ce qu'il faut que je fassions
Pre plaire à vos bontés?
Ah! queu l'houneur que je séchons
De vos domestiqués.

         Tretous ensemble.

   Ah! jarti tay le pus savant;   *bis.*
Et bay, Robin, marche devant,
Et parle pre tretous.
Qui craioit que t'en savais tant?
Tay bay pus fin que nous.

<hr>

IN ANGE CONDIT INE PASTURELE

A BETHLÉEM.

Noël, sur l'air : *Quand je partis de la Rochelle y en partis à mon grand regret, lalirenne.*

   Arser venant de chez mon pere,   *bis.*
La grande merveille qui vis,
      Ma Bregère,

La grande merveille qui vis.

O paraiguit ine lumiére,   *bis.*
Tout fain dret.dessus nos pâtis ,
      Ma Bregère ,
Tout fain dret , etc.

O sembloit être nos fougeres,   *bis.*
Lavoure le feu s'étoit mis ,
      Ma Bregère ,
Lavoure , etc. .

Mon quieur tremblotoit de misere ,   *bis.*
Mas que gle fut bintôt remis ,
      Ma Bregère ,
Mais que gle fut , etc.

In Ange me faisit la chére,   *bis.*
Et me dissit , y l'entendis ,
      Ma Bregère ,
Et me me dissit, etc.

Laisse ici ta crainte , Paquiére,   *bis.*
Prens me ta penére et me suis ,
      Ma Bregère ,
Prends me ta penère , etc.

A l'heure , sans tant de mystére ,   *bis.*
Y le sivit , bay loin de foui ,
      Ma Bregère ,
Y le sevit , etc.

Gle me menit à la tanére ,   *bis.*
Vro lat ses Beux le Grand-Louis ,

Ma Bregère ,
Gle me menit , etc.

Gle m'y faisit voir ine Mére ,   *bis.*
Oque in Poupon dau pu jolis ,
    Ma Bregère ,
Gle m'y faisit , etc.

Disant , ô faut que te revére ,   *bis.*
La Mére , mais sustout le Fils ,
    Ma Bregère ,
La Mère , etc.

Quiau petit Enfant est ton Pere ,   *bis.*
Tout aussi vrai queme y tau dis ,
    Ma Bregère ,
Tout aussi vrai , etc.

Quement , si fisit , glest men Pere ?   *bis.*
Car gle me surprenet aussi ,
    Ma Bregère ,
Gar gle me , etc.

Craignant qui me misse en colere ,   *bis.*
En riant gle parlit ainsi ,
    Ma Bregère ,
En riant , etc.

Daux houmes Dieu n'est-il pas Pere ?   *bis.*
Et voil , Monsieu , répondis-y ,
    Ma Bregère ,
Et voil, Monsieu , etc.

Et si de tretous glest le Pere ,   *bis.*

Gle det être le ten aussi ,
          Ma Bregère ,
Gle det être , etc.

    L'Enfant quo faut que te revere ,   *bis.*
Glest ton Bon–Dieu , sache quieuqui ,
          Ma Bregère ,
Glest ton Bon–Dieu , etc.

    Quand y comprenis le Mistere ,   *bis.*
Y pris l'Enfant y l'adori ;
          Ma Bregère ,
Y pris l'Enfant , etc.

    Y ly tiris de ma penere ,   *bis*
De lard tout frais in grous bouzi ,
          Ma Bregère ,
De lard tout frais , etc.

    O fut à Madame sa Mere ,   *bis.*
Que men Offrande y présenti ,
          Ma Bregère ,
Que men Offrande , etc.

    Vas le voy queme ma , ma chere ,   *bis,*
T'aras le bounheur que jogui ,
          Ma Bregère ,
T'aras le bounheur , etc.

CHANSONS.

CHANSON

CONTRE LE DÉSESPOIR,

Sur l'air : *Dès le matin quand y m'éveille.*

Y say sans soussy la violéte,
Daux houmes le pu malheureux,
Y ai pu d'ennemis, pu de debtes,
Que ma téte na de cheveux.
   Si quieu mest fachoux,
Fauto qui m'en tue?
Quielay sont sot qui mourant putous
Que l'heure n'est venüe.

   Quatre foijoux sont a ma porte,
Qui sont vinguiu pre m'executay;
In chetit recors les excorte,
. Gle sen allant tout emportay.
   Si quieu mest fachoux, etc.

Le maunay me pille et me vole,
Gle prend au quatre bay souvent;
Et le procureux, prine aubole,
Veut me faire coutay cent frant.
    Si quieu mest fachoux, etc.

Contre mas la femme sérisse,
A vaint me battre au cabaret,
A prétendroit qui ne vivisse
Que de babigeot et de lait.
    Si quieu mest fachoux, etc.

Le curé veut qui me confesse
Et le ras me fait piounay;
La garnison vaint et me presse,
Mes enfans me font petounay.
    Si quieu mest fachoux, etc.

Le maitre de ma borderie
Veut qui poye, y ne peu poyer;
La boulangere fait la vie,
L'houtesse veut me dépouillay.
    Si quieu mest fachoux, etc.

Netre met na pus de farine,
Netre charnay na pus de lard;
La févre me ronge et me mine
Et me rendra corps tôt ou tard.
    Si quieu mest fachoux, etc.

Toutes les vignes sont gelées,
De béte olest mortalité,

Ma pauvre barique est vidée ,
De vivre olest grande cherté.
        Si quieu mest fachoux , etc.

Si quiayquain me fait dau demage ,
Y veux le groday , gle me bat ;
Quand lautre mon vregeay ravage ,
Contre mas gle fait le sabat.
        ·Si quieu mest fachoux , etc.

Le deable veut qui me désole ,
Gle vedret qui me pendreillis ;
Gle fait tout pre jouay son role
Et pre m'otay le peradis.
        Si quieu mest fachoux , etc.

LE PENSEZ-Y BIEN DES PERSONNES QUI SE MARIENT,

CHANSON (2) ,

Sur l'air : *Plait à Dieu quo l'arive , Jean.*

Y say tonté de veni fou ,
Matelin , quand y ponse
Qu'y n'ay pas de cas faire in sou
Pre fourni aux depenses
Que , dans in moinage poüilloux ,
O faut faire tous les beas joux.
        Quielay se trompant qui trechant
Benaise en mariage.

Y neus pas putous guiere fin
Epousé Marjolete
Que le prêtre et le segrétain
Mirant ma bourse nette:
In boun écu pre le proumay,
Au second, cinq sols pre sounay.
    Quielay se trompant, etc.

    Retourné chez nous y trouvis
Trante creuses bariques
Qui, comme de francs aloubis,
Mangiant in bouc étique.
Y vis grugeay en pois de tems
Mes services de quatorze ans.
    Quielay se trompant, etc.

    Depis quiau jou, mille malhurs
Mont chésu sus la tête.
Mas qui dormas, y ne dors pus;
Y éprouve la tempête
De vingt marmailles qui braillant
Sans dire ce que gle velant.
    Quielay se trompant, etc.

    Et si glau disant, va to meux?
L'in veut ine graissée,
L'autre vedret daux pois, daux éux,
L'autre ine fricassée;
Et bay souvent, au tenaillay,
Y n'avons rain pre lau baillay.
    Quielay se trompant, etc.

O n'est pas tout : o l'est bay pis
De netre moinagere ;
Sçavas y , mas, quand y la pris ,
Q'ua seret la proumere
A mettre men ame aux abois
Pre tout quieu qu'a vedret avois.
  Quielay se trompant , etc.

Tantous o l'y faut dau bourgnon ;
Tantous ine croupere ,
In garderobe, in cotillon ,
Daux coeffes , daux brasseres ;
Pre sa drolesse in bounet gris ,
Pre Jacquet et Jean daux vitis.
  Quielay se trompant , etc.

Ne fauto rain pre la maison ?
Daux pot , ine marmite ,
In tamis , in troil , daux chaudron ,
Et tout plain dautre nippes ;
In chatelet et daux fuseas ,
Daux bot , daux lasset , daux couteas.
  Quielay se trompant , etc.

Peut on se passay damidon ,
De saux et de rousine ,
D'épisse , d'azur , de savon ,
D'aguilles grousse et fine ;
Tous les dix ans ne fauto pas
Vingt sols pre maver in chapeas.
  Quielay se trompant , etc.

O l'est pretant sus quies deux bras
Qu'o roullant quiés depanse ;
Et si quies deux bras ne vant pas,
O faut tournay la chanse :
Adieu marmite, adieu la met,
Ve chaumerez, quieu sera fait.

    Quielay se trompant, etc.

V'errez cherchay chez le maunay
Dau blé, de la farine,
Gle dirat : compte dau denay,
Monsieu de belle mine,
Sinon vas t'en planter daux choux.
Crevez si ve velez tretous....

    Quielay se trompant, etc.

O faudrat s'armay din doublay,
Le prenre sus lepale,
Tendre la moin et shabillay
Dedans ses hardes sales,
De porte en porte allay trechay
In morcea de poin queme in chay.

    Quielay se trompant, etc.

Ce qui me console en tout quieu,
Si nay pas de cas vivre,
O l'est qui vois que si say guieux,
Malaise me délivre
Daux grands pechés daux yvrognoux,
Parcequi mets mon fait ailloux.

    Quielay se trompant, etc.

Bay daux fois venant les foyjoux
Me demanday la taille,
Et dautres fois les sergentoùx
Emportant nos touailles :
Gle vendant et dounant pre ray
Ce qui ve zat coûté bay chay.
        Quielay se trompant, etc.

Nato pu rain dans vos maisons
Que vetre cramaillére,
O ve vaindrat la garnisou
Qui, d'ine mine fiére,
Resterat chez vous bay long tems
Cas que ve ly direz : vas ten.
        Quielay se trompant, etc.

Qui séche malade après quieu,
Que la fiévre me mange,
Qu'arayje prarestay le feu
Dau maux qui me demange ?
De laive frede en in pichay,
Dau pain ner, rain pre le gressay.
        Quielay se trompant, etc.

Daumoins si, pre me consolay,
Y avas ma compagnée ;
Mais a lat sa vache a garday,
O faut qu'a set soignée
Bay meux que mas, car, mes amis,
Quieu la coutume dau païs.
        Quielay se trompant, etc.

2

Y resteray donc dans mon lit ,
La porte bay fremée ,
Dès le matin jusqu'a la nit ,
Que la femme arrivée
Commencerat à me gronday ,
Et tretous ses droles à fessay.
   Quielay se trompant , etc.

Quieu n'est encor rain quin lambeas
Daux soussis dau menage ,
Si la femme ne v'aime pas ,
O l'est pis que la rage ,
Vezéte lié , garroté ,
Pre la santance dau curé.
   Quielay se trompant , etc.

De foüis , o nat pus de moyen ;
Apras vous la justice
Ve dirat : revains ten coquien ,
Ou bay quon te punisse.
O faudrat croquay le marmot ,
Andegueni sans dire mot.
   Quielay se trompant , etc.

Et pis les maledictions
Cheurant queme la gresle;
Daux injures de cent façons ,
Dont le diable se mesle.
Qui pis est , daux coups de baton
Sus quiau qui cret avoy raison.
   Quielay se trompant , etc.

Velat le portrait daux malhus
Qui sont dans in moinage;
Bachelay : velève étre heurus ?
Gardez le bachelage.
Retenez bay quielle chanson,
Et qua v'y serve de leçon.
   Quielay se trompant, etc.

CHANSON

POUR LA CÉRÉMONIE DU GATEAU ET DU BOUQUET QU'ON PRÉSENTE DANS LES NOCES DE VILLAGE (3).

Y sons venus ve voy.

Dieu vous veille donnay, nouvelle mariée,
Dieu v'y veille donnay ine bonne journée;
   Que vetre cher époux
   Lait bonne queme vous.

   Y sons venus ve voy
Dau fond de nos villages,
Pre marquay netre joy
De vetre mariage;
Y soitons que gle set
Aussi bon que gle det.
   Dieu vous veille donnay, etc.

   Lépoux que ve prené,
Gle disant que glest sage
Et que gle semblé né

Pre condire in ménage.
O le joli talant,
Que le prix en est grand !
  Dieu vous veille donnay , etc.

  Mais qui dit in époux ,
Dit bay souvent in métre
Qui nest pas trejoux doux ,
Cas que glau devret étre.
Quiau que ve zavépris
Srat bon , glau zat promis.
  Dieu vous veille donnay , etc.

  Adieu , malgré quieuqui ,
La liberté jolie ;
Adieu le tems chéri
De vetre bachelerie :
Les fleurs de vos plaisis
Tombrant so vos soussis.
  Dieu vous veille donnay , etc.

  Ve nerez pus aux jeux ,
Au bal , aux assemblées ;
V'arez l'air sérieux
Dedans les compagnées ;
Ve garderez la maison ,
V'en serez le timon.
  Dieu vous veille donnay , etc.

  Si Dieu veut v'y baillay
Quieuque monde à condire ,
O faudrat y veillay

Prequo nait rain a dire
Sus laux fidelité,
Lau sagesse et bonté.
　　Dieu vous veille donnay, etc.

O srat a vous de voy
Si gle vant a la maisse,
Si gle fant lau devoy,
Si glallant a confesse :
Ve lau devez sus quieu
L'exemple devant Dieu.
　　Dieu vous veille donnay, etc.

Si ve zavé daux beux,
Que le bon Dieu v'y baille
Daux poulet et daux eux,
Daux vache et daux ouaille,
O faudrat, sus quiau train,
Veillay ser et matin.
　　Dieu vous veille donnay, etc.

Avez-vous remarqué
Ce quo la dit le prétre ?
Gla dit la verité,
Quand gla dit quo faut étre
Fidele a sen epoux
Et laimay tous les joux.
　　Dieu vous veille donnay, etc.

Haissez vous les coups,
Ne soyez point chagrine.
Que la peix set chez vous :

Quiclay qui sont maline
Attirant daux grous tems ,
Et la gresle souvent.

    Dieu vous veille donnay , etc.

    Voisez vous quiau gateas
Que ma main ve presente ,
Mengez en in morceas ;
Car quiau pain represente
Qu'o faut, pre se nourri,
Travaillay et souffri.

    Dieu vous veille donnay , etc.

    Quiau bouquet qui v'offrons ,
Qui ve prions de prendre ,
Est fait d'ine façon
A ve faire comprendre
Que les pus grands houneurs
Passant coume les fleurs.

    Dieu vous veille donnay , etc.

    Anit , en grand festin ,
In chaquin ve zonore ;
Pitetre bay demain
O durerat encore ,
Mais passé quiez deux jous
Ve srez soule chez vous.

    Dieu vous veille donnay , etc.

    Adieu donc et bon jous ,
Nouvelle mariée ,
Souvenez vous trejous

Que vezétes liée ;
Prenous , vive la joy !
Y vivrons sans emoy.
    Dieu vous veille donnay , etc.

Ce qui ve demandons
Pre tous les conseils sagé
Qu'ensemble y vous baillons ,
Sus vetre mariagé ,
O lest vos amités
Et vos bounes bontés.
    Dieu vous veille donnay , etc.

RETOUR DE NOCES,

OU ADIEU AUX CONVIÉS.

Y sortons daux noces a regret ,
Dau tierçon j'avons le fousset,
Charchons donc ailloux de cas frire.
    Liron lalire , lon fa lire.

Y laissons de jeunes époux
Aussi presque affligé que nous ,
Et precas? faut bay o dire.
    Liron lalire , etc.

Cas que glant fasu de laux meux ,
Fricassé la poule et les eux ,
Aux gourmands gnant peguiü suffire.
    Liron lalire , etc.

Lin lau demande dau relet,
Casque glest sou quemin goret
Qui ne peut marchay ni sassire.
  Liron lalire, etc.

L'autre dit : quau chay de repas !
La vese ne s'y trouvant pas,
Que ne sayje encore à Velire (4).
  Liron lalire, etc.

Michas, pre avoy heuchay deux fois,
Pre avoy dau vin, est aux abois ;
Gle se tent offensé, le sire.
  Liron lalire, etc.

(5) . . . .
. . . .

LES NOCES D'AU COUSIN MICHAS.

Sur l'air : *Quand j'étais chez mon père petit garconeas.*

Chantons le mariage dau cousin Michas,
Qui veut faire grand chère, o faut porter de cas ;
Chantons le mariage dau cousin Michas.

Glat pretent fait effort, amis, n'en doublez pas,
Glat in paté brulé fait de rouget dagnas.
  Chantons, etc.

Couvert dine tiragne où les dents n'entrant pas,
De la soupé trempée au bouillon dau scillas.
  Chantons, etc.

De beurre, o nen a jà paux que gle sel trop gras ;
On n'y voit point de miche et guierre de pain nas.
     Chantons , etc.

Faute de banc, de table , o faut s'assire à bas ;
Le meillou de lau vin est dau vin de pruneas.
     Chantons , etc.

Gle dit que glest pu doux et que gne grise pas ;
La gogue que gla fait, les chay nen vellant pas.
     Chantons , etc.

Glavoit in pot de mail quo lant mangé les chats ;
Gnat point de cusinay, et glau fait tout expras.
     Chantons , etc.

Gle prétend épargnay pre le moins deux lias ,
Sa femme est ménagère et ne lempire pas.
     Chantons , etc.

La brassere qu'a lat se lasse oque in cordeas ,
Et sa ceinture est faite d'in vieux serpillas.
     Chantons , etc.

La dantelle qua porte est l'ouvrage daux rats ,
A marche jambe nue , o lest faute de bas.
     Chantons , etc.

A porte coiffe nére , o ne metoune pas ;
A nen a jà de blanche , a ne les lave pas.
     Chantons , etc.

Son garderobe est fait d'in devantau de peas ,
Ve voisez qua lest propre a chassay les oseas.
     Chantons , etc.

2*

CHANSON DE NOCES.

Sur l'air : *Les fanatiques.*

Y non , y nen peus reveny ;
O lest chouse mourable,
L'amour est in sot, y ly dis,
In trétre, in miserable,
De tout in marfin dargent fou ,
Dont y fesas figure ,
Y me vois sans in sou :
Quieu me fait treüre la vie dure.

I avas quatre écus bay contés ,
En frequentant brioche,
Douze francs quo devoit gaté ,
Trante sous dans ma poche ,
Dix et neuf sous en sous marqué ,
Quinze francs en bodaille :
De tout qui, qui sest ejimpaillé ,
Y ne vois pas la maille.

Y vendis , vers la Saint Michas ,
Netre vache calote ,
Que cherbonné tenait a cras
De sa tante Renote ;
L'argent, la vache, les écus ,
Ont passé prangoulesme ;
Petetre encor en faudrat o pus :
Jacquet au cret de même.

Quatre et quatre nesto pas huit ,

Douze et quatre fant seize,
Quartorze et quatre dix huit,
Six et pis sept fant treize;
Mais laissons moins quiau calculi,
Mes écus, dans ma bourse,
Ne rentrant pas. Ah! glen sont sorti,
Et sorti sans ressource.

Y ay donc dépensé tout mon fait
A quierchay quielle ouvrére,
Qui de may ne veux pas anet,
Et qui fait trop la fiére.
Ah! velat l'obligation,
Outesse Gabrielle,
Qui vesay de vos pretection,
Et de vetre grand zèle.

In jou qui retournas chez nou,
Quielle grande harpie,
Dissit : écoute iqui barbou,
O faut qui t'y marie,
Entre lian, le cousin Roy
At ine jolie nesse,
La veux tu? te la pouras avoy,
Y t'en fais la proumesse.

Tout ravi, y entre quemin sot,
A lapporte chopine,
Y boivons, y paye lécot
Dau cousins, dau cousines.
O faut se réjoui, dansay,
Le long de la semoine;

Mais enfin o lat fallu contay,
Et velat ma grant poine.

L'outesse a dit : mon fail Renou,
Quatre vint dix chopines,
Combin fant elle à quatre sou ?
Y vois quo te chagrine ;
Tains, y compris le gibelot,
Les crépes, l'eau de vie,
Cinquante francs poirant quiel écot,
Sans qui gagne ma vie.

Consoléme vous autre onfans,
Pre mempechay de pendre,
Et me baillé chaquin six francs,
Y promets de les rendre.
Ah ! ve ne velez rain baillay ?
Eh bay, la mille boce !
Allez donc tretous vy permenay,
Messieurs les gens des noces.

CONSOLATION DAUX PAISANS, MISÈRE DAUX MESSIEUX.

Chanson sur l'air : *O sautit in breton de feu dedans mes ecritaires.*

Colas, te juras, lautre jou,
Contre netre miséro,
Te disas que daux travailloux,

La vie étoit amére;
Craias tu jà que les messieux,
Etiant beacot pus hureux.

Si glavant may de bay que nous,
Souvant glant may de dette,
Si gle sont fripons. rapinoux,
Laux ame est inquiette:
Gle craignant dallay se chauffay,
Pre quieu que glant sçu nou gripay.

So quiés plumet, ner, rouge, gris,
Qui lau servant de crêtes,
Ah! que gle roulant de soussis,
Pu souvent que les fêtes!
Gle velant deveny pu grands,
Gnau pouvant. glendeguenissant.

Si te lau vois de beas habit,
Fauto que quieu t'étoune,
Gle les achetant a crédit;
Le marchand qui les doune
Dit bay souvent. en les voyant:
Va mes habit que gle portant.

O faudrat in jou les poyay,
O serat qui la rage;
Prau faire, o faudrat retranchay
In pré de l'héritage,
Sans quoy les sergent vendrant querir
Le monsieu dans ses beas habits.

Gle portant la boutre au couté,

Et souvent dans laux poches,
G'nant pas in failli sou marqué,
Lau soit dit sans reproches;
Gle cheuriant dau clocher en bas,
Que lau gousset ne souneret pas.

Gle sont tout fiers quand gle portant,
Au lou couté, l'épée;
Mais, de quielle broche, gle fant
Bay dau femme eveuvée,
Ou mouri beacot de benas,
Qui deffendant trop mal lau peas.

Y sons tout tremblant devant zeaux,
Souvant gnant pas l'air tendre,
Gle nous appellant daux maraux
De coquins qu'o faut pendre;
Mais gle sont transis, glavant paux,
Devant pu grands messieux que zeaux.

Gle passant les nit sans dormi,
En pensant a laux bourse
Que glant predu, sans reteni
Deux sols pre lau ressource;
Gle songeant a faire executay
Laux metas pre pouvoy jouay.

Gle mangeant, dis tu, daux chapons,
Daux predrit, daux begasses,
De bons gigot, de bon jambons,
Quin grand salau fricasse:

Cré tu que glau trouvant meillou
Qui ne fais dau lard et daux choux?

Gle sont couché sus de bon lit,
Fasu de fine plume;
Gne dormant jà s'olat in plit.
Quieut ainsi lau coutume,
Y ay la peas pu dure que zeaux,
Mon lit est mou queme le laux.

Quand gle se rencontrant deux, tras,
Gle fant daux reverances,
Glavançant, gle culant apras;
Quieu sont daux menigances,
Qui ne tendant rain qua gatay
Force planché, force soulay.

Si, dans le ventre ou lestoumac,
In vent les incommode,
Gle le gardant queme en in sac;
Quieut ainsi lau methode.
Vive nous qui fons, sans façon,
Sorti tous les vents de prison!

Ainsi tout compté, rabattu,
In paisant houneste houme,
Qui ne veut point may que gnat eu,
Vit aussi content coumme
Les pus riches de nos messieux,
Et peut chantay : vive les gueux!

CHANSON SUR LA PRISE DE PORT-MAHON (6).

Sur l'air : *En attendant o faut frisay.*

Le ras d'Angletearre et d'Irlande
Est capot et baisse le nay ,
   En attendant o faut frisay.

O ne faut pus que gle sattende
Sus Port-Mahon pre l'enrichay.
   En attendant , etc.

Richelieu , suivi de sa bande ,
Depis pois a sçu ly gripay.
   En attendant , etc.

Blaknay : disoit que lon my pende ,
Si pas ain ose iqui gravay.
   En attendant , etc.

Blaknay, faut donc que lon ty pende ,
Car nos soudars tant sçu trouvay.
   En attendant , etc.

Depis Bergopsoom et Ostende ,
Les gas montant sans marchanday.
   En attendant , etc.

Si Bingh deffend que te ty rende ,
Sus ly te ne dois pas contay.
   En attendant , etc.

Lagalissounére gourmande
Les vaisseas qui venant taiday.
   En attendant , etc.

Quiau poitevinea, que Dieu ly rende !
Les huguenots fait endevay.
En attendant , etc.

Sans quin boulet in autre attande ,
Gle brise mats , hune et hunay.
En attendant , etc.

Bingh senfouit , la poux ly quemande ,
Et je cré que le fait fort bay.
En attendant . etc.

Mais daux netre la joye est grande ,
Gle senrhumant a le heulay.
En attendant , etc.

Chacun à Richelieu demande ,
Sus saint Philippe, à s'enjuchay.
En attendant , etc.

Gly montant pesle mesle , en bande ,
Et sans crainte de trebuchay ,
En attendant , etc.

Si laux échales sont pois grande ,
Gle sçarant bay les alongeay.
En attendant , etc.

Daux bayonnettes, dans daux fandes ,
Servant de marche pre gravay.
En attendant , etc.

Et Blaknay, contre sen attende ,
Les voit sus son fort a milay.
En attendant , etc.

En disant, dans sa langue almande :
Quieu sont daux diables quies ouvray.
   En attendant, etc.

Ah ! ne sont jà ; mais laux entende,
Et laux quieur, les fait triomphay.
   En attendant, etc.

De Richelieu, qui les quemande,
Sçait en maître houme quemanday.
   En attendant, etc.

Globéissant à la demande,
Et gne craignant jà les mortay.
   En attendant, etc.

Blaknay faut donc que te ty rende,
Et Port-Mahon tout queme tay.
   En attendant, etc.

Avant que netre Ra le rende,
Tous nos chat devaindrant dau chay.
   En attendant, etc.

Si Georget en fait la demande,
Gnarat pas la broche a luchay.
   En attendant, etc.

MÉLANGES.

COMPLIMENT

EN FORME DE DIALOGUE FAIT PAR LES PETITES BERGERES
DE DOIX, A MONSEIGNEUR AUGUSTIN RHOC DE MENOU,
EVÊQUE DE LA ROCHELLE, LORS DE SA VISITE DANS CETTE
PAROISSE, EN 1735 (7).

ACTRICES.

COLLETTE, NANON, LISON, JULIE, JUSTINE.

PROLOGUE.

MONSEIGNEUR,

A l'envi des pasteurs, nos plus jeunes bergères
Veulent, à votre los, consacrer leurs accents,
Et, par les vœux les plus sincères,
Offerts au père des lumières,

De leur juste retour marquer les sentiments ;
Mais une légitime crainte ,
Par un profond respect dans leurs ames empreinte ,
Fait que leur foible voix n'ose se hasarder ,
A moins que s'expliquant . l'objet qui les anime,
Par des ordres précis . marque de son estime,
Ne les enhardisse à parler.
Vous l'êtes . Monseigneur, affermissez leur zéle ,
Secondez leur noble dessein,
Et , d'une entreprise nouvelle ,
Approuvez le projet et la suite et la fin.
Ici, des muses peu sçavantes
Vont. pour vous réjouir, emboucher leurs pipeaux..
Ici, de jeunes commençantes
Vont vous consacrer leurs travaux.
Ici, le rustique langage
Va faire son apprentissage
Sur des sujets mystérieux :
Et la campagne , dont la ville
Corrompit maintes fois le stile ,
Va, dans son naturel . l'exposer à vos yeux.
Puisse l'entreprise vous plaire !
Nous l'espérons . prélat, plus de votre bon cœur ,
Que de ce que nous allons faire
Par le juste motif qui conduit notre ardeur.
Notre but est de vous distraire
Des objets sérieux qui , trop accumulés ,
Consument vos beaux jours, qui se veront filés
Dor, de soye et d'argent, si la parque sévère ,
A des enfants zélés, sçait conserver un père.

DIALOGUE.

COLLETTE.

Dour vaint'o , ma Manon , qui vois que nos bregéres
Sant si sagé quies jours et qua ne filant pas ?
Lon diroit à lau mines fiéres
Qu'o nest pas bay de rire..... Etó bain si grand cas ?
A ne sont pas pu sages aux jous daux grandes fêtes
Qua lau semblant anet; a l'ant tot lair devot.
Y vois Jeannette, y vois Margot ,
Qui baissant bay si fort et les ail et la tête
Que lau menton tombe sus lau jabot;
A lavant laux belles cornetes ,
Et laux brasseres les meux faites ,
Laux belles chause et laux beas bot.
Questo donc quo lant quies cadetes ,
Dis mezou , ma chère Nanot ?

NANON.

Quoi donc! ne sçais tu pas , Collette,
Que , dans ce jour , est arrivé chez nous
Le prince des bergers , dont l'aimable houlette,
A son aspect, nous ravit tous.
A lui , tous nos pasteurs doivent rendre le compte
De leur conduite et du soin du troupeau ,
Il n'est de danger qu'il n'affronte
Pour visiter notre hameau.
Une charité paternelle ,
Jointe à la flamme d'un saint zèle ,

L'a conduit dans ces lieux, sans crainte du travail :
Son amour lui donne des ailes.
Il vient et pour sauver, et pour rendre immortelles,
Toutes les brebis du bercail.

LISON.

Y lay bay vu, mas ; cré quo paraît in brave houme.
Y ne say pas precas le grou Jean dit de ly
Que, quand gle court aux loups, son regard les assoume
Bay may quo ne fait in fusi ;
Car glat bay la mine si boune,
Glest prequieu bay si bon, quò lest quieu qui métoune
Que les loups, qui sont pu chaitis
Mille fois que les chay, se boutrant craintis
Quand glaprechant de sa presoune.
Quand y lay vu, premas, y aras trejous vegüiü
Avoy daux ail grand queme daux lunetes ;
Ou bay denc en avoy sus mon nay daux pu nette,
Pre le roüillay tant quò l'aret faugüiü,
Jusqua tems qui leus quenaugüiü.
Mais, pre fouire de ly, cré qui nétas jà prete ;
Y crevas bay de joy de que gletet vaingüiü.

JULIE.

Fauto setounay, ma bregére,
Si les loups, le voyant, fouyant dans le fouras :
Si te sçavas combay son pére,
Et ses grand pere, et pis ses frére,
En ant tué pre deffendre le ras.
O sont, cré, de grande misére !

Pre ly, gnan tue jà et gnan veut jà tuay ;
Car glat, pre faire quieu, lame in pois trop devote ;
Mais glen fait daux agneas : tains, gle sçait quiau métay
Aussi bay que Margot sçait faire daux cailbote,
Tiray sa vache et baratay :
Te sçais pretant quà lau sçait bay.

COLLETTE.

Sans manty, jay bay dau malhur !
Faut o bay, prin pois de laitage,
Qui trechas pre faire in fromage,
Navoy pas vu quio bon pastur !
Ah ! que nay je cassé men oulle,
Putous que détre toute soule
Privée din si grand bounhur !
Est ail bay fait queme les autre,
Quiau brave houme, quiau saint, quiau si vaillant apôtre ?

JUSTINE.

Ah ! si te sçavas, moins, de lair que gle shabille ;
Glat in bounet cornu qui ressemble un bufet ;
Glat in baton d'argent, tord quemine faussille ;
Sen abriail est dor, et glat in grand jarguet ;
Glat ine croix sus sa poitraine,
Queme quielle de Magdelaine,
Mais pu belle pretant, qui ly pend au colet.

COLLETTE.

Bon Dieu, queux latirail ! questo, va, que figure
Tout quiel acoutrement ? nau saras tu jà, tas,

Qui boute si souvent le nez dans lecriture ,
Et qui sçais lire en les parchas ?

NANNON.

On nous lapprenoit aux écoles :
Cet habit tout mysterieux,
Du pasteur qui nous vient des cieux,
Nous offre autant de beaux symboles
De ce qu'il est en soi , de ce qu'il peut sur nous ;
Et je vais, en peu de paroles,
Si tu le veux ainsi , te les expliquer tous.
La mitre qu'il a sur sa tête ,
Est un casque divin qui lui fait resister
Aux traits des ennemis qui , pour nous contrister ,
Excitent contre nous mainte et mainte tempête ;
La croce qu'il a dans sa main
Marque le pouvoir tout divin
Qu'il reçut du ciel de conduire ,
De regler , corriger , instruire
Son troupeau selon son dessein ;
Par la chape, ornement si brillant et si beau ,
Qui marque la splendeur de l'église de Rome ,
Il fait voir qu'il renonce aux actes du vieil homme,
Et qu'il est revêtu des graces du nouveau.
La croix qu'il a sur sa poitrine
Marque, pour peu qu'on l'examine,
Qu'il porte , dans son cœur , Jésus crucifié;
Qu'il est prêt de donner sa vie ,
Pour deffendre la foi telle qu'il la publie ;
Et qu'il est tout brulant d'être sacrifié.

COLETTE.

La belle chouse d'étre clarc ;
Vois tu bay comme a lau défile ,
A lau fait aussi bay qua file.
Dame , quieu nen sont pas dau téte à pot de fearc !
Puisque ten sçais si long faut bay que te maprandje
Le nom de quieu pastur ?

LISON..

Vre veux tu qui le pranje ?

JUSTINE.

Y te lapprendray , may : gle sapelle in evesque.
Damere o lest que ,
O nest pas faux , glest in maitre pastur.
T'avas bay deviné ; glest in ange en douceur ,
Gle chante queme entre eux : y fus toute ravie
Quand jentendis sa voix braillay , faire la vie.
Glau fait allay si doux , glau fredoune si bay ,
Quo léchapit au bregére a dansay.

COLETTE.

Tains , ne men parle pus , mais ten diras de chouse ,
Mais te me rendras gremëillouse
De courri le trechay , quieque part que gle set.

JUSTINE.

O si te sçavas , moins , le reste queil a fait !
Gle sest premené dans leglise ;
Glat nifeté pretout , et trejous gle velet

5

Que les chouse que gle voyoit
Fussant arrangée à sa guise.

COLETTE.

Natail rain fait que quieu , disou ?

JUSTINE.

Eh ! gnon , gnon , cré ; te m'interomps tréjou ;
Freme , va , ta goule , et te taise.
Gle sest enjuché dans la chaise ;
Glat brassaillé long temps , et gle sest tremoussé
May quo ne fait in chat , quand glest embarassé.
Gle montret ses deux moins , glen montret ine soule ;
Gleuvret les ail , gleuvret la goule ;
Gle sebrailloit dau cot et gle houvret le point
Pu fort quo neut faugüiu pre te casser le groin ;
Gle se viret a dret , gle se viret a gauche ,
A pu prèz quemò fait le grous Jean quand gle fauche ;
Gle regardoit en haut , gle regardoit en bas ;
Tantous gletoit faché , tantous gnou étoit pas.

COLETTE.

Questò que gle disoit ?

JUSTINE.

O lest bay quieu la daive ;
Estò quo men souvaint ! gla fait son sein de crois ,
Et pis gla dit...., gla dit.....

COLETTE.

Prequestò que tu resve ?

JUSTINE.

Glat parlé dau bon Dieu plus de quatre ou cinq fois.

COLETTE.

Las tu vu de bay prèz?

JUSTINE.

Merc, o lo faut bay craire,
Puisque gle mat froté le fron
Avec de lheulle, ce dit-on.
Y ne sçay qu'o létoit à faire ;
Gle disant quo létoit prine afirmation ;
Y ne sçais s'olest vray ou non.

NANNON.

Que tu n'en saches rien, c'est là ce qui m'étonne ;
Apprends le donc de moi : c'est un grand sacrement
Que tu recevois au moment
Que le prélat faisoit la croix sur ta personne,
Et que, priant pour toi, d'huile sainte il t'oignoit.
C'est aussi dans ce temps que le ciel te donnoit,
D'une manière singulière,
L'Esprit saint et ses dons, et te fortifioit
Contre l'attaque meurtrière
Du monde, de la chair et du cruel démon,
Ces ennemis divers dont l'affreuse colère
Fait même appréhender le nom.
Pour te rendre la chose claire,
C'étoit le sacrement de confirmation
Que tu recevois, ma bergére,
Quand il te faisoit l'onction.

JUSTINE.

Y ay bay reçu quieque autre chouse :
Y ne sçais pas que gle pensoit ,
Mais gle mat touqué d'in souflet ,
Qui ma rendu toute hontouse.

LISON.

In soufflet !

JUSTINE.

Oui vraiment.

LISON.

Mais te fit ail grand mau ?

JUSTINE.

Eh ! non point ; mais trejous jen eu may que la pau.

NANNON.

Quoi ! dis tu , ce soufflet t'inspire de la honte :
Sache qu'il est pour te montrer
Que , bien loin den avoir et de te démonter ,
Lorsque de ta créance on te demande compte ,
Tu dois être prète à souffrir
Les tourments les plus grands ; disons plus , la mort même,
Pour demeurer fidèle aux vœux de ton baptême ,
Dont tu ne dois jamais rougir.

JUSTINE.

O l'est donc quieu quo signifioit ?
Mais questò , moins , quo velet dire
Quiele heule dont gle me frotet ,

Et le brinborium que gle me marmotoit?
> O lat pensé me faire rire :
> Et je cré que tout y portet.
> A ses coutés glen avoit in
> Qui tenet daux morceas de pain ,
> Lautre avet ine serviéte :
> Y ay cru quo falet dejunay ;
> Mais , quand y avas la goule préte ,
> O mat passé bay loin dau nay.

NANNON.

Faut-il parler ainsi d'une cérémonie
Où chaque circonstance est très sainte , édifie :
Cette huile te fait voir , symbole de douceur ,
Que les croix des chrétiens sont toujours adoucies
> Par le divin consolateur ,
> Qui permet quelles soient suivies
Du calme et du repos , charmants plaisirs du cœur.

LISON.

> Mais , tas qui sçais tout, dis me don
> Precas glat demandé mon nom ?
Queneut-ail mes parans, ou quiecuns dau village ?
Glest in pois curieux , glen veut sçavoy bay long ,
> Ly pretant qui paroit si sage.

NANNON.

> Eh ! que dis tu , ma chère amie ;
Pése mieux tes discours, et sache, je te prie ,
Que c'est pour t'enroler que le zélé pasteur
Te demanda ton nom... Tu sembles avoir peur?

Tu ne dois pourtant pas être beaucoup saisie,
Car cet enrôlement n'annonce aucun malheur.
  Et voici ce qu'il signifie :
  Comme un soldat, lorsqu'il sengage,
  Dit son nom à quelque officier,
  Pour être inscrit sur le cahier
Où senrôlent tous ceux que la gloire encourage,
De même devons nous, à la réception
Du sacrement divin de Confirmation,
Qui nous rend des soldats puissants contre le vice,
  Dire nos noms, nous enrôler
A suivre l'étendart de la sainte milice,
  Fallut-il mourir, s'immoler,
  Pour le Seigneur et son service.

LISON.

  Oh, oh ! mouri, quieut bay beacot !
  So ne fallet rain que se battre,
Mon courage me dit que jau fras queme quatre;
  Mais, pre mourir, o len seroit trop.

NANNON.

  Quoi ! dis-tu, trop : tu dois être ravie
  De pouvoir consacrer ta vie
  A celui de qui tu la tiens,
Qui te conserve encor, qui jamais ne t'oublie,
  Et te comble de mille biens.
  Pour moi, je lui donne la mienne;
  Qu'il fasse en moi ce qu'il voudra;
  Le seul bonheur d'être chrétienne

M'engage à le servir. Quand il m'éprouvera,
    J'espère qu'il me trouvera,
Pourvu que, pour m'aider, son secours me prévienne,
      Prête à souffrir,
      Prête à mourir.
Et cette volonté doit être aussi la tienne.
Quand on s'attache à lui, qu'est-il que l'on n'obtienne ?
    Sa grâce coule avec plaisir
Pour ceux qui, dans son cœur, recherchent la fontaine
Des eaux que, jusqu'au ciel, la ferveur fait jaillir.
    Ainsi l'attente n'est pas vaine
Qui me fait espérer de pouvoir obtenir
L'effet des justes vœux que je lui viens offrir.
Qu'il conserve à jamais, ce Dieu, par sa puissance,
    Le saint pasteur qui nous vient visiter ;
    Qu'il lui donne la récompense
Que mérite le soin qui l'oblige à quitter
Tous les autres troupeaux pour veiller sur le nôtre,
    Au dépens de mille travaux.
    Que, se comportant en apôtre,
Il jouisse dans le ciel d'un éternel repos,
    Lorsqu'après de longues années,
    Selon nos désirs, fortunées,
Pour le bien des brebis et celui des agneaux,
    Il nous aura toutes placées,
    Pour lui tenir lieu de trophées,
Au royaume éternel, à l'abri de tous maux.

LA MISÉRE D'AUX PAISANS AU SUJET D'AUX MANGEOUX.

DIALOGUE DE DENIS ET LUCAS.

DENIS.

Jarti, Lucas, quo sont de grand miséres
Que d'etre itaux quo létiant nos péres !
Etre paisant, ou bain étre peillé,
Est aussi bay tout ain queme étre essoreillé,
    Ou bay soret : o lest la même chouse.
Sont o pas, jarnongoy ! daux affaires hontouses
Que ce quo l'inventant, contre nous tous les joux,
Daux marfins de volux, quielay faillis mangeoux,
Qui, pre gobay largent qui nous vaint a grand poinc
    De nos fremants de nos avoine,
    De nos mulaces, et nos jemants
    Ant trejous la moin guiet apans ?
Eh ! questò quo nous sert de suay les journées
Et de hachay nos corps tout le long daux anécs,
Si Dieu, pre nous ayday, ne nous delivre pas
    Daux aloubis qui grugeant netre cas !
Queux beas prefit onsj'y davoy chez nous daux poulles ;
    S'alant daux eux, nestò pas pre laux goulles ;
Les poulet qu'a coüant sont ail pas pre lau nay ?
    Ne fauto pas bay en crevay ?
    Pre quiez elus qui nous taxant la taille
    N'otons j'y pas a naux bétes la paille,
Le pacage et le foin, pre nourri lau chevaux,

Pre pois quo sait que j'echons paux
Davoy besoin de laux services.
Si j'ons daux différents devant gens de justice,
Les parculoux font ails in pas
Si les écus ne roullant pas.
Tu sçais queme in procèz se méne,
Si ne laux portons pas le pigeon ou la quéne
Quo plumant laux valet, qui chez nous se moquant,
Tandisque les gripoux, au palais, nous plumant.

LUCAS.

Eh ! pre questò, Denis, que téchauffe ta bile?
Vas, mon pauvre vesin, ta plainte est inutile;
Les raisons que te conte avant beas se sentir,
Le maux dont te te plains nest jà prêt de guarir :
Les cris que les paisans fasant contre les riche
Naquirant dés le jou quo loguit de la miche
Pre la goulle aux messieus et de grous poin pre nous.
En in mot, te m'entends, o len oguit trejous ;
Et ten voiras trejous, tant que Dieu te frat vivre.
S'o létoit les paizans qui fissiant les livres,
T'en voirois de bay groux fasu sus quiau sujet,
Où les riches ariant lau fet ;
Mais quielay qui les fant ne sont margoy jà bêtes,
Gle se donnant bon dret, et pis : paizans, vezétes
Daux voloux, daux coquins; mais moule pre moulé,
Y sçavons margoy bay queme tout est allé.
Lin de quiez joux ma tante Guillebotte,
Te sçais quo n'est point ine sotte,
A la soulaillére contoit,

3'

Que son pére autrefois disoit,
Que gle tenoit de son grand pére,
Que glavoit vu dire à sa mére,
Que les pus anciens de laux gens
Sçaviant, de laux précédents,
Que, chez laux devanciers, étoit in commun dire
(O l'est bay vray de queux couté quo vire
Quo l'est de tous les tems et de tous les païs)
Que les grous mangeant les petits.

DENIS.

Ah ! voil ; gle les mangeant tous les joux, quieut bay sure ;
Et si, pre les grugeay, gl'avant la dent trop dure
Gl'apellant aux secours des damnés de sergents, .
Qui mangeriant le fearc, et la table et les bans.
Ah ! que glant avalé d'hearce et dautres affaires
Quies gens qui jà pidoux ant, dans laux écritaires,
Au lieu d'encre, dau fiel qui, mis sus dau papay,
A le maudit secret de tout empoisonay.
Avant ail chaffouré deux, tras mots d'écrivage,
Qui daux griffes din chat ressemblant a l'ouvrage,
Et qua daux gens craintis gle portant fiérement,
Gle crayant avoy dret, ou daumoins glau disant,
De saisi, d'arrêter, d'emportay, faire vendre
(Quieu veut dire, en deux mots, de fripounay, de prendre)
Le fait dau pauvre gens ; car pre les grous messieux
Bay souvent din baton gle payant quielay gueux.
Pre nous, qui sons pois forts, gle nous metant en pesses,
Et laux moin nous trahit, nous fasant daux caresses.
Gle faisant avec nous gogaille en nos maisous,

Le joux que gle venant pre nous boutré en prison.
Dounant ail lau papay : quieu n'est rain mon bonhoumme ;
O s'agit, disant ail , dine petite soumme
Quo ve demande in tel, y le priray pre vous
De ve zattendre in pois ; mais recevez trejous ,
En cas dadveniant , quielle petite image,
Quiau bea papay marqué... Estò qui ladoubage
Que gle mettant aux maux que gle nous ont fasus ?
Crayez bay laux conseils , et ven serez venus.
Gle vainrant deux ou tras gimpaillay vos ecüelles ,
Brisay vos cabinet, emportay jusque au selles ;
Et , si ve résounez, gle vous prenrant aux pleaux.
Le démon fut ail pis que quielay zanimaux ?

LUCAS.

T'es donc bay de l'avis dau beas frére Grigoire ?

DENIS.

Eh ! que dit ail , Lucas ?

LUCAS.

Nen sçais tu pas l'histoire :
In de quiès roüinoux , dont te vains de parlay ,
Vainguit, in de quiès joux, sans se faire priay ,
Dans le petit carré dau foussé de La Motte ,
Prenre, de par le Ras , quielle vache calotte
Que gl'achetit antour dau cabanay Georget.
Y ne sçais déjà pus ce quo l'est qu'a coutet ;
Ni pus ni mois, la vache etoit et belle et boune.
O ne faut donque point, Denis , que te t'étoune
Si Grégoire fasit de ses pé , de ses moins

Pr'empeschay de mangeay son pauvre gagne poin :
Le sergent fut battu , sa ruque fut peignée ;
Glavet en mille endroit sa face egraffignéc ;
Mais gle fut le pu fort , aidé de son recors
Qui , saisissant dabord la vache pre les cors ,
Ly faisit in licou d'ine de ses jartéres.
O dame , o fut iqui que Grigoire en colére
Dissit au grafinoux , l'y donnant mille noms :
Vas , vas , tès pu chêtit cent fois que les démons ,
Volux de pauvres gens , daux hoummes le pu mable.
Y ay douné mille fois ma vache a tous les diable ;
Y les fasas tremblay , tant fort y renacas ;
Jamais , pre l'enlevay , gnant fait le moindre pas ;
Mais , tas , chêtit coquiain , te n'as jà fait de même :
Sans être demandé , pre boutray combay t'aime
A rouinay les gens , te vains pre l'emmenay.
Vas bélitre , vaurain , te dès remerciay
Que tès pus fort que mas , car sans quieu ta carcasse
Serviroit dans les champs a chassay les ageasses ;
Y hacheras ta chair en si petis morceas
Que le pu grous tendret en le bec din oseas.

DENIS.

Oh , oh ! gle se faschoit.

LUCAS.

Eh ! dame , voil , compére.
Glau fasoit tout de bon , gnen fasoit point la chére.

DENIS.

Ni pus ni moins , Lucas , glavoit trejous raison

De dire quin sergent est pis que le démon.

LUCAS.

Mais crais tu quin soudart n'est pas autant à craindre ?

DENIS.

Pre te dire, y ne sçais daux queux faut may se plaindre,
Car quielay zanimaux nous fant bay de l'égail.

LUCAS.

Voil ; sus lombre que glant sus lépale in fousail,
Ine brette au couté, de villaines moustaches,
Laux cheveux cordounés, ou bay mis dans dau saches,
In chapeas galouné, cas quo n'est jà dor fin,
Gne ne se souciant pus de tout le genre humain.
Quand gletiant, quies gas, valet de métairie,
Ou bay fail de maison, gle fasiant la vie
Contre les gens de guiarre et gle les maudissiant ;
Mais, avant ail porté la cocarde in moment,
Et métu lau chapeas tout fain dret sus lorcille,
Gle se faisant au foit daux soudars, à merveille ;
Gne fasant pus la chére aux autres pauvres gens,
Et gn'acousinant pus bay souvent laux parens.
Ve les voisez pu fiers se carray dans les rües,
Tantous tout soucs, et tantous daux venües
Et juray de grous mot que, sans etudiay,
Glant apprenu, je cré, pre nous faire tramblay.
Passe pre quieu, Denis, mais quieu qui may me fasche,
O l'est que, pre volay, lau moin ne soit point lasche ;
Et quièz dentre zeaux qui semblant les meilloux
Ne séchant que daux guicux et de francs rapinoux.

Velez voiséz souvent plantés contre lau porte
Pre voy ce qu'au marché le pauvre paisan porte,
Afin de ly grippay quieque provision,
Dont o se regalant aprés quieu les garçons.
Passe to daux fagot ò faut payer le péage.
Vandons jy dau poulet, dau beurre, dau fremage,
Ce qui vaudroit cinq sous glau prenant pre six blancs;
Encor au prenant ail tout pre rain, pre dau tems.
Gl'allant dans nos vregeay faire la picourée;
Gl'apprenant, disant ail, pr'au meux faire à l'armée;
Et gl'appellant gagné quieuqui que glavant pris.
De quielay bons marchands que pense tu, Denis?

DENIS.

Tout ce que te dis qui, dont y ne saras rire,
Lucas, seart à prouvay, queme à me faire dire,
Ce qui t'ay dit dabord et dont y te reponds,
Que le monde est remply de beacot de frippons.
Voil, voil, gl'en est rempli! mais, par la mille rage,
O lest que les voiux nous peillant a tout age.
Y voisons de nos ails que, tout queme in chaton,
  Quand gle rencontre in peloton,
Met les ongles dedans, les tourne, les paugrigne,
Pre en faire autant in jous, au sourit au muserignes,
De même les vauxrain qui devant, in beasjoux,
  Etre daux larons, daux peilloux,
Nous fant, etant petits, de certaines affaires
Qui fant bay voy que glen vedrant may faire
Quand gle serant pu grands. Sus tout les écolay
Qui sont dautres mangeoux, dont y te veux parlay.

Jarti ! contre quiès sot qui me sens de colére ;
Crairas tu bay, vesain, que netre menagére
Envoyoit a Baudrite in plain pot de caillé
Et que quies sauvaget lant bay tot avalé

LUCAS.

Voy ben !

DENIS.

   Y le portas oque in virpleau détoupe
Qui seart quand, dans les champs, nos geans portant la soupe ;
Y marchas pas a pas, crainte de renvresay,
Pu fier quin magistrat qui semble se bressay.
Y devas bay vraiment tant baday, ma fas verre !
In de quiès animaux est venu pre darrére,
Glat emporté mon pot, et la vite emporté,
      Car gnavoit jà la goutte au pé.
Les autres ant crié : part; mais netre camarade
Fouyoit à reculon et faisoit la gambade.
Quand gle sest vu bay loin, sans autre compliment,
Ne pouvant boire au pot, glat mis la moin dedans,
Et gle sest tout jobré en mangeant à pougnée ;
Car le gourmand prenoit de trop grosses goulées.
Quand glat été guedé, et que gnen pouvoit pus,
Glat appelé les autres qui se sont bay rendus
     La goulle fraiche, et quemançant à rire,
     Crayant quo lavoit de cas frire ;
Mais quand glant appreché, au lieu de lau baillay,
     Pre le moin, son pouze a suppay,
Glat craché dans le pot, et jimpaillé le reste
Sus laux ail, laux chapeas, laux habit et laux veste.

Glant fouit quand glant vu quiau. Pre mas, transi, penot,
Y disas tout cagnoux : adieu mon pauvre pot.
Mais louvray la rendu fasant daux menigances ;
Et, pre faire admiray sa boune conscience ,
Gle mat dit : vas, pésan, ton pot n'est jà cassé ;
Sans mas quielay macreas te lariant fracassé.
Te vois bay, men ami, qui te rends boun office ;
Si te passe quiaulong y toffre mon service ;
Pre gourmay quies gaillards y toffre mon pougnet ;
Y ne souffriray jà que gle mangeant ton fait.
Y au cray bay, vertugoy! gle me la bailloit boune
Glau mangerat tout souc, gnen barat a persoune ,
O lest qui son dessein.

LUCAS.

        Vas, tas meux rencontré
Que te nas fait tantous quand ton pot tas boutré.
Vralas tu te fourray passant vers quiès écoles
Vroliat, pre le moins, autant de tétes folles
Quo ly at de chapeas. Peux tu ne pas sçavay
Ce quo lest , men amy, quin coquin décolay ?
O lest in animaux , si te veux qui tau diche ,
     Qui, pre courir, a les pé dine biche ,
Les griffes din vray chat, quand o faut derobay ,
La force d'in étoc, quand o faut relachay ,
Tout le caquet d'in geay , pre contay ses affaires ,
La malice d'in singe habille a contrefaire ,
Le courage d'in beu, pre supportay les coups ,
Lapetit d'in goret, so faut mangeay trejous.
Vrolest in écolay pretout o lest la daive ,

Qui vat queme in calaud, sus la tearre et dans l'aive.
Premis ou deffendu, pre ly quièu ne fait rain ;
Dans le vregeay dautruy, pu tous que dans le sain,
Tantous gle vat d'in pé, tantous gle vat de quatre ;
Tantous gle ve chérit, tantous gle veut ve battre ;
Devant vous gle ferat a daux fois les ail doux
Et dare tirerat la langue contre vous.
Glé boutrerat lé cors, gle ve ferat daux meugnes ;
Se gle peut ve buttay, gle ve ferat daux queugnes ;
Se gle ve fait daux maux, prenez lou sus le fait,
Gnavouerat pas, pr'in chin, quo seche vray quo sait.
Encor que vous verrez sa malice a merveilles,
Gle jurerat, so faut, que vos ail sont aveilles.
Et t'as porté ton pot en la goulle a quièz gas !

DENIS.

Dame voy, j'auz ay fait ; mais dis me, va, Lucas,
Tas qui queneux si bay quielay gendarmerie,
Si gne t'avant jà fait quieque champisserie ?
Tas passé pre laux moins... nestò pas vray, vesin ?

LUCAS.

Préchapay de laux moins faudroit être bay fin.

DENIS.

Jay cré ; mais tant y a qui devine l'affaire :
Compte me donc ton fait queme y vains de tau faire.

LUCAS.

Jay veux bay si tau veux ; o faut, pre ses amis,
Navoy rain de caché, mais sus tout pre Denis.

Y m'envas donc tapprendre ine petite histoire,
Dont y ris chaque fois qua vaint a mon memoire.
S'y te la dis sans rire o serat grand hazard :
Mais, arrive qui plante, y veux ten faire part.
      In joux que monsieu netre maitre
      A son logis me fit portay mes guêtres,
Y tenas dans ma moin in baton pivelé
Voure o l'etait mon nom en callard emolé.
Quiau baton, men ami, plaisit a quies jenesse ;
Que crais tu, pre lavoy, que fasit lau finesse ?
Quand y fus près de zeaux, in de tous les pus grands,
      Pre mamusay, me fait les complimans
De Nicolas Crion, fail de Jon de Nivelles,
      Daux gens qui ne queneux pas mais
      Que le grand turc qui ne voisi jamais.
Pendans qui ly repond, in autre sot travresse
Et tire mon baton, si fort que je renvresse,
Et qu'y fais en tombant in grand saut de bureas,
Accause quo se trouve in fagot desso mas.
Qui fut penot ? o fut, cré, le fail de mon pére,
      Davois viré son devant pre darére.
O mechapit de rire autant que de pleuray ;
De rire pre le cot qui venoit pr'arrivay,
De criay, dautre part, accause de la pearte
Qui fasi d'in baton qui gardas pre Guibearte.
Y fus cent fois tonté de plumay quiclay sot ;
Mais oque mon bon dret y nausi dire mot.

DENIS.

Y cré que tu fus fin et que ta fripperie

Arait en époustoux bay mal été servie ;
Le baton que ta moin venoit dabandounay
    Sus ten échine aret bay pu sounay ;
Car y cré que quies gas , ma fas , sont pus de mille.
Fouis , fouis , quielay marchands.

LUCAS.

        Quieu nest jà si facile ;
Glavant bay le secret , cré , de nous arretay ,
Jau vois le semady , quand y velons passay :
Bay souvent maugré nous gle goutant netre beurre.
Si je voulons courri gnant , pre nous faire cheurre ,
Dau sotére a cousin , que glant si bay garni
De pouvre et de buchat que glen sont tout uni.
Si j'y mettons les pés , y nous jobrons dans laive :
Dame , a lheure , les gas , rire , faire la dêve.
Gle venant a jançay , dau vent de lau chapeas ,
Landret ou je son chet queme de grand benas ,
Et braillant : oh , oh , oh ! tretous dine goulée.
Encor nous faisant ail payer la menetrée ;
Car si jons dans nos sac daux caléas , daux rasins ,
Quand je cheusons o len tombe quiaicains ;
Et croc , les bons marchands les gobant a grand haste.
    Qui n'attrape rain point n'en taste :
O lest ainsi reglé , premi quialay fripon ,
De se deffendre bay , mais de partageay , non.
Chaquin vole pre sas ; o nat que pre se battre
Que tretous , pre chaquin , faisant le diatre à quatre.
Les pescres danimaux que ne sont ail crevés !

DENIS.

Ah ! crevés, quieu beacot ; mais dis putous fessés.

LUCAS.

Eh bay , soit ; mais daux moins so netét quine rüe
Vro fussiant quiès sot a me seret quenue.

     Y ne crés pas que mos soulay
Fussiant gassoüillés daux gasse a quiès ouvray.
Mais allez , so v'entaint , aux portes daux eglises ,
Aux auberge, aux cantons, au marché daux cerizes ,
Ve les verrez pretout ; et le pire en tout quieu
O lest que gle fasant de l'égail en tout lieu.
Par exemple : sons y quiequefois vers les halles ,
Faut bay sy rencontray les marchans y ant laux tables,
Quiès vauxrain, dans laux poche, apportant daux marteas,
Et nous clouant aux bans dont y son les pu pras.
O sy fait tant de brit qui nau pouvons entendre.
Dautre fois si javons daux marchandises a vendre ,
Te sçais bay que pre quieu faut sapprechay daux gens,
     Les écolay, en même tems ,
     Nous coudant, oque ine aigüille,
Au justaucorps de quiau qui marchande et babille.
Bay souvent, mais , Denis, sans doute tau zas vu ,
Y nous sons rencontré quatre ou cinq de coudu.
Avons y fait nos cot, in de zeau pre malice ,
     Nous fait quieque mauvais offce.
Y velons galopay après quiès maudits juifs ;
     Mais , dame , o lest qui nous trouvons bay pris :
Le premay dentre zeaux qui fait ine egembée,
     Sil est bay fort , fait tomber la traulée ;

On bay, si courrons vitement,
Y esseartons netre vitement.
Qui rit apres quieuqui? dame, o sont quielay heares.
Les geans qui nous voisant nous courrant netre guiarre
Et gle nous aheulant; y rions queme zeaux
Sans pouvoy repassay quies pescres d'animaux.
Mais lendroit ou o faut may craindre quiès engeances
O lest dans nos vregeay, les joux de laux vacances.
S'ine fois gle pouvant en trouvay le chemin,
  Garre aux noix, garre a nos rasins,
  A nos melons, a nos concombres;
Sans laissay bay meurry quielay qui sont a lombre,
Verts ou meurs, gle sont bons au gout de quiès marchands,
Qui sont pois delicat, cas que gle sont friands.
O vaudroit autant voy daux soudars au peillage
Que voy daux écolay veny dans in village.
Gle senjuchant tretous dant nos pu grands nouay
  Et, sans crainte de se brisay,
Gle montant jusqu'au bout daux pus petites branches,
Et sortant si chargés que la seppe se panche.
So nen venoit rain qu'ain, vertugoy! quiau luraux
  Aret beacot may que la paux;
Mais gle venant a cent, aussi flérs que Bartolle.
  Que faire a tant de tétes folles?
  Le pus court est de les chéri,
  Sans les priay de reveni;
Faire poyay lagas: et que dire a quiès heares?
  Glavant tretous daux noms de guiarres ·
  Si le ravageoux est Tudeas
  Gle dirant quo l'est Buffendeas.

Eréve ve plaindre a laux péres ?
Au lieu que contre zeaux glentriant en colére,
Gle ve dirant daux duretés,
Disant quo sont daux faussetés.
Si , clay queme le joux , se voit la fripounerie :
O lest signe desprit , dirrant ail en furie.
Attrape qui paisant , travaille tout ton soux ,
Labouré tes vregeay , dautres en arant les choux.

DENIS.

Tas raison. Mais , Lucas , quemant quielay zéragé
Sont ail bay si malins so dau maître si sagé?
Car quiès pére tous nairs , qui prenant soin de zeaux ,
Ne sont , ma fas , jà daux maraux ;
Gn'allant point ravager ni faire tout le reste ;
Gne jurant ni sacre ni peste.
Te ne les vois jamais se battre au cabaret ,
Ni dire de quiès mot qui sont vilain et let.
Monsieu netre curé les cret de bons apôtres ,
Pus , fin , dit ail , que beacot dautres ,
Qui , selon ly , sçavant lau pain mangeay ,
Et qui , jarti ! le gagnant bay ,
Pisque gle sefforçant de rendre gens bay sage
Daux esprit folet et sauvage
Qui , malgré laux bounes leçons ,
Ne sont rain que de francs fripons.

LUCAS.

Quas donc ! estò d'anet que te sçais , mon compére ,
Quo sont daux trescarpins quo lenseignant quiès pére ,

Que gne pouvant pas may reduire a la raison
Que ny reduiriant le pu malain démon ?
Glant beas , se disant ail , arentelay laux fesses ,
   Et laux mettre les moins en pesses
    Avec daux palette , épaisse din bon dé ,
    Gle sont trejoux évargondé.
Si gle craignant les coups glen parant bay les bottes :
Din cadenas de fearc gle barrant laux culottes ,
Et glen cachant la clé de poux que lau régent
   Ne fasse ajancer lau ponant.
Le fessou , bay penot , couppe tail la ceinture
Daux cullotes que glant , gle sont prou fort a lhure ,
   Car glavant soin de coudre autou
    In grand bias que, chez les boudinoux ,
Glant fait remplir de sang : et velat lau finesse.
Si le fessou met laux culottes en pesses ,
   En donnant daux coup de couteas ,
   Bay sur gle coppe le bias ;
Et pis le sang qui sort de la tripe copée
Les rend ensanglantés tout queme in cot dépée.
Le fessé crie a lhure , y say mort, y say mort !
Au meurtre , a lassassin ! a laide , au reconfort !
   Et vite a venir les vesines ,
   Madame Eraude et pis Barbine ,
Qui criant : ah ! bourreas , veux tu quitay mon fail.
Le sot nest point fessé , tant a faisant dégail.
Pre corriger quiès sot olest tout inutile ,
Aussi gle sont malins et ne sont point habile.

      DENIS.

O lest quieu le pus pis ; car quielay drôle , in joux ,

Serant petétre bay daux *prétres* , daux *jugeoux*.
Si gle sont daux sotréas , quemant pourrant ail faire
        Bre parlay sus beacot d'affaire ?
Gnentendrant rain dedans et gle crairant voy clay ;
Et pis ame et bondret verez ve premenay.

LUCAS.

Vas , te me fais tremblay ! mais , a proupous de bottes ,
Sçais tu bay que quiès gas , quittons qui laux culottes ,
       Nous volant , pescre de frippons ,
       Jusquau langage qui parlons ?
Autrefois les gaillards qui hantiant les classes ,
       Depis les hautes jusque aux basses ,
Si gne parliant pas latin ou bay biscois ,
       Parliant au moins bon françois :
       Quielay qui nant pas quielle mode ,
       Et glavant prenu la méthode
       De parlay queme nous , pésans.
Gle sen fasant houncur , jusquen laux complimens :
Vaint o quieque grands gens visitay netre ville ,
Vite quiayquain de zeau , qui se crét étre habille ,
Fait , en notre parlange , in galimatias
       Meslé souvent de gascouneas ,
Et quin de quiès morchoux , en netre nom , fait dire
A quiès messieus qui ne fasant quen rire.
Non quo set a lau gré , mais parce que quièz gas
Se meslant din métay qui ne lau convaint pas.
       Encor bon , quand glau velant faire ,
Si , parlant aux seigneurs , gle parliant daffaire
       Au proffit daux pauvres pésans ;

Mais que cré tu quo vant demanday quiez marchands?
Daux congés, daux campaux, cinquante ravauderies
   Pr'empescher laux etuderies.
   Ah ! glen sarant beacot tantoux :
Gne demandant daux tems que pre faire les foux.
Quand gle fesant quielay complimenteries,
   Où gle fourant mille mantries,
   (Car gle louant assez souvent
  Daux gens qui fant netre contentement,
  Et gle disant que dautres sont bay sages
  Quand gle venant pre mangeay nos bagages)
   Passe quo set en latineas ;
Mais que gle nous laissant parler poitevineas :
Fasons nos compliments chacun a netre mode.
   Vraiment quieu seret bay commode :
Y barons a quiés sot netre langue a gatay.
   Que chacun fasse son metay,
   Les vaches en serant meux gardées.

DENIS.

Quieut fort bay dit, Lucas, y coute ta pensée ;
   Allons donc les garday tous deux,
   Et pis courrons apasturer nos beux.

＊＊＊

4

COMPOSITION DE JACQUES CHANSON,

VIGNERON DE LA JARNE, ET MAITRE POÉTE AU SUJET
DU NOUVEAU VERVERT DE LA ROCHELLE (8).

Cousin, les pearoquet ne vallant pas la rage,
O sont daux babeilloux, so de malin plumage;
La police deuroit tuay touts quies ozéas
Et les faire routi si gne se taisant pas.
Gle mordant, gle hachant, les pus braves persounes,
Gle piquant de lau bec les prêtres et les nounes;
Glégrophinant tretous, pu malins que les chat,
Qui ne faisant de maux qu'au sourit et qu'au rat.
Tout au plus glépargnant le prince et le pontife,
Mais les autres bay sur sont sujet a laux griffes.
Laux ongles ant daux crochet pus a craindre, dit-on,
Que le fearc aguisé din piquant aguillon.

De tretous quiès oseas qui naissant dans la France,
Car les isles n'ant jà de pareilles angeances,
Y nen queneux quin bon qui sappellet *Ververt*,
Qui vainguit de Nevers, o lat may din hyvert.
Gletoït joli, poli, sa plume faisait rire;
Chaquin trevoit charmant ce que gle sçavoit dire.
Quiequezain cependant nétiant pas pre ly;
Chez les nounẽs sustout gle passoit pr'étourdi :
Gle glosoit in pois trop sur certains temporages
Quo fasant au couvent daux fillettes bay sages.
Son parlange soudart fasoit baissay les eüil :
Béacot malgré quieu qui ly fasiant acüeil.

Mais le malin quo lat anit a la Rochelle,
Glest tout ébouriffé, sa plume n'est pas belle ;
Glat in bec tout crochu et pu dur , disant-ail ,
Que dau fiel n'est amer et qu'o ne put de l'ail.
Gle mort et gle remord , gle pique et gle repique ,
Et gle rit aux depens des oséas de sa clique;
Glarache en les plumant, jusqu'a lau poil folét.
Nos veignerons pensant que quieu nest pas bay fait.

De quiau fiér peroquet beacot faisant la chasse
Et jusquau capucins ly baillant la vredasse.
Lau corde lant sanglé; si gle mort après quieu ,
Gle serat plumé vif et bani de tout lieu.
Lon ferat de son bec force peignes de corne ,
Et gle ferant servi le plumage qui lorne
A faire dau manchons qui pourrant plaire fort,
Parce qu'o sera sur que ververt sera mort.

Premas, qui daux oséas estime le ramage,
Y cré quo suffiret qu'on le boutit en cage,
D'interdire sa voix et , si gle fait le fat,
De ly copay la langue et la douner au chat.
Quen diras tu , cousin, o lest ainsi quo pense
Le vesin *bain sensé* , et menante *Prudence*.
Quieut sont de braves gens , t'au scais tout queme mas :
Sinon les gens desprit, corrigeons les benas.

TRADUCTION POITEVINE DE LA PREMIÈRE ÉGLOGUE DE VIRGILE.

MÉLIBÉE, TITYRE.

MÉLIBÉE.

Jarti ! mon chez Tityre, o faut qui tau zavoüe,
La fortune a pretas bay fait viray sa roue :
Couché, queme in Monsieu, a l'ombre din umeas,
Te pibole a ton gré daux airs vieux et nouveas.
Pre nous, cagnoux, boungent, errans demi sauvages,
Y quitons nos maisons, nos prés, nos héritages ;
Y fouyons, en in mot, tandis que ton haut bois,
Dau nom d'Amarilis, fait retentir nos bois.

TITYRE.

Te dis vray, men ami, mais si vis si tranquille
In Dieu m'a fait quiau bay que gle refuse à mille.
Y dis que glest in Dieu : voil, glen est un pré mas.
Dame aussi, dans mon tet, solest in bel aignas,
Din quieur requeneussant, pre l'y dounay le gage,
Y ly sacrifiray sus l'autel dau village ;
Car o lest ly, vesin, vau ly qui ma premis
De cultivay mes champs, d'habiter mon logis,
Et de jouay, tandis que mon troupea mamuse,
Tous les airs qui vedray, dessus ma cormenuse.

MÉLIBÉE.

Y nen say point jaloux, mais y admire ton sort ;

Car chez nous on ne voit que carnage et que mort ;
Tout est bourin boura.... Tains , vois tu quielay chevres ?
Tandis qui les condis y say mangé des fevres ;
Y ne peux les hatay et sustout quiellequi ,
Qui vaint de chevrotay , dans in bois près diqui ,
Deux becot qua lat fait , dau troupea l'espérance ,
Couchés sur le pavé bequignant dendurance.
Ah ! depis bay long tems , nos chagnes les plus hauts ,
De touneare frappés , annonciant quies maux ;
Ine grole , daux creux dau bribay d'ine souche ,
Fasant coac , chantoit le malheur qui nous touche.
Y n'y pensions pas ! Mais , brisant sus tout quieu ,
Tityre , y veux scavoy qui te noume ton Dieu ?

TITYRE.

Grand etourdi qui say , crayas j'y pas que Roume ,
Que dans tous les cantons sa noblesse renoume ,
Ressemblet à Mantoüe , ou te scais qui portons
Nos agneas au marché. Pauvre bregeay qui sons !
En raisounant ainsi , y comparas , compère ,
Les chicot aux grands chay , in bicot à sa mère ,
Les montagnes aux chirons : falloit être ben fou !
Roume , cher Mélibée , at aussi haut son cou
Au dessus les pointeas dau villes renomées
Quin grand cyprès s'élève au dessus la porée.

MÉLIBÉE.

Mais , Tityre , a prepous , qu'au beutade ta pris
De veni voyageay si loin de ton païs ?

TITYRE.

La liberté qui ay , liberté si cherie ,
Et qui trouve , vesin , au loin de ma patrie ,
In pois tard , o lest vray ; car mes cheveux trop gris
Montrant à mon barbay que j'ogui dau soussis.
Y vivas jusqu'au cou dedans la servitude
Quand d'aimay Galatée y fasas m'en étude ;
A présent qui la quitte , et que la folle nat
Ni mon quieur ni mes soins, y prise men état ,
Y vis libre et dispos. Amarilis pu sage
Que quielle triserpine a fait men avantage ;
Car , faut au zavouay : tandis qu'y mattachas
Aux ail de Galatée , en vain y me forças
De rempli mon gousset. Encore bay qui vendisse
Daux victimes bay grace et propre au sacrifice,
Daux fremage a trebéche et fasus tout exprès
Pre l'ingrate Mantoue , où gle le mangeant frais ,
Y ne retiras groc daux pattes a quielle ouvrère.
Amarilis fait meux : meilleure meinagère ,
Si , restant au logis , y ne vends pas de beux
Y reçois de l'argent de mes poule et laux eux.

MÉLIBÉE.

Y ne metoune pas si , restant a Mantoue ,
Ah ! pauvre Amarilis, de tes cris te tenroue ;
Si te ne pense pas aux frit de ton vregeay
Qui vant pourri bay tous , cas que bons a mangay ;
Ton Tityre est absent , Tityre que les plaines ,
Les montagnes , les bois , les écos , les fontaines ,

Apelliant quiés jous, glet à Roume rendu.

TITYRE.

Quieu bay vray Mélibée ! Eh ! que diantre veux-tu ?
Pouvas je faire meu que de venir à Roume,
Pravois la liberté qui dépendoit din houme,
Qui parfait, cas que jeune, a le dret tous les ans
Dovay, sus sen autel, douze fois de l'encens ?
O lest ly qui, prêtant l'oreille a mes demandes,
A dit : y veux pézant que rain ne te gourmande ;
Herbage ton troupea, guay queme auparavant ;
Mets tes beux so le joug, hardi queme devant.

MÉLIBÉE.

Ah ! bounhoume, y comprends que l'aise taccompagne ;
Tas souc as le bounhur de garday ta campagne ;
De posseday tes champs, tes champs qui sont si bons ;
Car, tandis que nos prés sont remplis de limons,
De peare, de pavas, de jonc et de motines,
Les pacages choisis que César te destines
Engraisserant tes beux ; et les maux qu'o lavant
Les bête d'iquiaulon jamas ne lau nuirant.
Pre tas, dormant au bord daux fontaines sacrées,
Et de léve qui court au mitan de nos prés,
Te prendras le doux frais, ainsi qu'in grous bourgeois,
Et ronfleras ton sou couché sus ten haut-bois.
Les creux entortéillés de tes larges oreilles,
Chatouillés par le brit daux mouvantes abeilles,
Qui vaindrant se soulay daux fleurs de tes aubay,
Trouverant in plaisi qui lau fera dau bay.

Mis a galifourchon sus les branches touffues;
Le bucheron chantant ferat brondi la nue;
Les tourtres, les ramiers, oscas que t'aime tant,
Par lau chant langoureux a coup sur te plairant.

TITYRE.

Aussi pu tout les cerfs erant paitre en la lune,
Et la mer, daux poissons la demure quemunc,
Lesserat daux turbot sur le sable en fouyant;
Pu tous, l'ève dau Tygre et le Rhône ferant
In troc de laux rivage en changeant de province,
Qui noubliray les aïl de mon Dieu de mon prince.
Y en parlerai pretout, et, si vis bay long tems,
Y ly portray daux eux, pre le moins, deux fois l'an.

MÉLIBÉE.

Vive content : pre nous transportés dans l'Afrique,
Trop vesins daux soulail, y quieurrons queme briquc;
Les autres, en la Sythie et la Crete condis,
Sus le bort de l'Oaxe, erant poussay laux cris.
Les deray transplantés, loin au dela daux teare,
Vivrant dans la Bretagne, autrement l'Angleteare.
Queux malheurs! gle sont tels qui ne fais que criay,
Et que tout ce qui vois est fait pre m'ennyay.
Y ne voiray donc pus netre chere patrie,
Les lieux où te scais bay qui prenguirons la vie,
Mes tet couveart a neu de rouche et de pavas!
Et les blés qui semis ne serant pas pre mas,
In barbare soudart en ferat la recolte!
Vela ce quo causant les feux d'ine revolte!

Velat quielay pre qui se semirant nos blés !
Y travaillons beacot, pre dautre y sons pillés.
Plante, plante daux choux, mon pauvre Mélibée !
En les moins daux soudarts, tes légumes tombées
Serant pre lau beas nez, et non pas pre le tain.
Allez, joly troupeas, autrefois mon soutain ;
Pauvres chevres, marchez ve'nétes pus les mennes ;
Chez dautre, sans ve vendre, au faut qui ve'zenmenne.
Loin de mon lavarit, o ne serat pus mas
Qui, couché molement sus daux feuilles d'umeas,
Ve voiray pendrillay sus les monts enjuchées,
Et comme daux pandardes a daux branches attachées.
Ve ne m'entendrez pu fredounay daux chansons
Y ne ve baray pus, dans la suite, a foison,
Et les fleurs de cytise et les feuilles amère
Dau saule verd, qui rend les bêtes si légère.

TITYRE.

Y te plains, Mélibée, et partage ton maux ;
Y vedras te garday : voy, jartis ! mais y ay paux.
Ve pourrez cependant, et tas et ta segance,
Passay dans mon taudis la nit en assurance ;
Y ay glan, pre mon soupay, que te partageras,
Daux poume, daux chategne, in bon froumage fras.
Ça point de compliment ; y n'en peus pas may dire,
Car y vois qu'olest tems que mes bête y retire ;
Ma cheminée au marque, a quemance a fumay ;
Et pis y vois daux monts les grands ombres tombay.

4'

GLOSSAIRE.

❦

ABRIAIL , 47 : Morceau de toile ou d'étoffe de droguet ,
carré long, que les bergères se mettent sur le dos pour
se couvrir et se garantir des intempéries , ou seulement
pour conserver leurs vêtements. Bien souvent l'*abriail*
n'est autre chose qu'une nappe. De l'ancien verbe français *abrier* , encore en usage en Poitou , vient notre mot
abriail.

ACOUSINANT , 61. *Acousiner , c'est se traiter de cousin ;
gn'acousinant pus :* ils ne se traitent plus de cousins ,
ne se regardent plus comme des connaissances, des
amis.

ADOUBAGE , 69 : Raccommodage , et par suite , remède ,
adoucissement. En Poitevin, *adouber* signifie raccommo-
der ou remboîter un membre fracturé ou disloqué. Le
mot *adoubeur* , par lequel on désigne les paysans qui
font ce métier, a été formé de ce verbe *adouber.*

ADVENIANT (en cas d') 59 : En cas qu'il advienne , en
cas d'événement. Ce mot paraît être le latin *adveniant* ,
et avoir été emprunté à une forme judiciaire que nous
ne connaissons point.

AGAS , 59 : Dégât , dommage.

AIL , 50; AILS , 62 : OEil et yeux.

AJANCER lau ponant , 71 : Donner le fouet. *(Converrere clunes).* (V. *Jancer.*)

ALOUBIS , 22 : Hommes affamés comme des loups , d'une voracité qui les a , pour ainsi dire , transformés en loups.

AME ET BONDRET verez ve premenay , 72 : C'est-à-dire l'âme (la conscience du juge) et le bon droit (du plaideur) vous irez vous promener , vous serez mis de côté.

ANDEGUENI , 26 , et *degueni :* Dépérir , dessécher sans pouvoir se plaindre ; mourir d'envie d'une chose qu'on ne peut avoir. *Gnau pouvant , glendeguenissant ,* 37 : Ils ne le peuvent , ils en sèchent d'envie. On entend souvent dire de telle jeune fille : *A vedret bay étre mariaye , alle en deguenit..*

ANET , 35: Aujourd'hui. On dit aussi : *aneut, anuit.* MÉNAGE (*) a cru , contre l'opinion généralement reçue, que ce mot devait correspondre , non au latin *hâc nocte ,* mais à *in hodie :* L'existence en Poitou , et ailleurs , des mots *net* et *neut ,* pour désigner la *nuit ,* démontre son erreur. Du reste *a* n'est pas ici le latin *hâc ,* mais simplement la préposition française , comme on la trouve dans *aujourd'hui.* Cette façon de parler prend sa source , nous le pensons , dans l'usage où étaient les Gaulois de compter le temps par nuits.

(*) Pour éviter des longueurs, nous n'indiquerons qu'en abrégé, et même par le nom seul de leurs auteurs , les ouvrages cités dans ce *Glossaire ;* mais nous en donnerons les titres plus développés dans la liste qu'on trouvera à la fin.

ANTOUR, 59 : Autour, auprès de.

ARENTELAY, 71 : Faire tomber les toiles d'araignées, qu'on nomme, en Poitou, *arantelles;* des mots latins *araneœ tela. Arantelles* et *aranteler*, auraient mérité que l'Académie leur eût donné place dans son dictionnaire, où elle a reçu tant d'autres mots qui sont loin d'être aussi bien formés que ceux-ci.

ARSER. 14 : Hier au soir. Anc. Français, *Arsoir* (V. Ro-quefort.)

AUBAY, 79 : Aubier, espèce d'arbre.

AVEILLES, 65 : Aveugles.

AVER, 10, AVOY, 57, OVAY, 79 : Avoir.

Des temps et des personnes de ce verbe, les uns inclinent vers l'Ancien Français, les autres vers le Roman. Cette vacillation dans un dialecte qui appartient essentiellement au premier de ces deux idiomes nous a semblé importante à constater : en voici des exemples tirés de notre livre et de divers autres écrits poitevins.

INDICATIF.

PRÉSENT.

ay, 21, 78 : J'ai. Ancien Français, *ei, é, oi,* (*Grammaire d'*Orell.) Roman, *ai, ei,* (Raynouard, *Grammaire comparée.*)

.   .   .   .

at, 77, 78 : Il a. Anc. Fr., *ha, at, ad;* Rom. *a.*

avan, *Mizaille à Tauni*, 34; *avons*, 68, *ons*, 57, 67 : nous avons. Anc. Fr., *avomes, avommes, avonmes, avoms, avum, avon, avun;* Rom. *avem.*

.   .   .   .

avant, 45, 71; *ant* 46, 67, 71 : Ils ont. Anc. Fr. *unt;*

Rom. *ant, an. Avant* est très remarquable en ce qu'il offre l'intermédiaire entre *habent* et les modifications qu'il a subies dans les diverses langues néo-latines.

IMPARFAIT.

AVAS, 25 : J'avais. Anc. Fr. *aveie ;* Rom. *avia.*

AVÉ, *Mizaille* 13 : Tu avais. Anc. Fr. *aveies ;* Rom. *avias.*

AVET, 60: Il avait. Anc. Fr. *aveit ;* Rom. *avia.*

AVIANS , *Moirie de sen Moixont*, 1 : Nous avions. Anc. Fr. *aviomes, avoioms, avium, aviemes, aviens ;* Rom. *aviam.*

PARFAIT.

OGUI, 17, 78 : J'eus. Anc. Fr. *oi, os, oz, ou;* Rom. *agui.*

OGUIT, 2, 57, *Ogust, Gente Poetv.* Ire part., 99 : Il eût. Anc. Fr. *euist, euust, ot, out;* Rom. *aguet.*

OGUIRANT , *Gente Poetv.* 1re part., 86 , *oguiran* , 94, *ibid. ogurant, ibid.*, IIe part., 34 : Ils eurent. Anc. Fr. *orent, ourent, oustrent;* Rom. *agueron, agueren.*

FUTUR.

ARAS, 3, 17 : Tu auras. Rom. *auras.*

ARAT, 4: Il aura. Anc. Fr. *averat, ara, aira;* Rom. *aura.*

ARAN *Miz.* , 24, *arons, Ministressé Nicole*, 1 : Nous aurons. Anc. Fr. *arommes, arom, arum;* Rom. *aurem.*

ARÉ , *G. Poetv.* Ier part., 6 : Vous aurez. Anc. Fr. *auroiz ;* Rom. *auretz.*

CONDITIONNEL PRÉSENT.

ARÉ, *Miz*, 24 : J'aurais. Anc. Fr. *avereie, areie* ; Rom. *auria.*

AREZ, *Dialogue de Michea, Perrot, etc.*, 4 : Tu aurais , Anc. Fr. *avereies, aureies, auroies* ; Rom. *auria.*

ARET, 69, *arait*, 67 : Il aurait, Anc. Fr. *areit, aureit;* Rom. *auria.*

. . . .

ARIÉ, *Dialogue de Michea, etc.*, 4 : Vous auriez; Rom. *auriatz.*

ARIANT, 57 : Ils auraient, Anc. Fr. *avereint;* Rom. *aurian.*

SUBJONCTIF.

PRÉSENT.

EGE, *Miz.*, 11, 18, *Minist. Nic.* 12: Que j'aie. Rom. *aia.*

EGE, *Miz.*, 25 : Que tu aies. Rom. *aias.*

EGE, *Miz.*, 24 : Qu'il ait. Anc. Fr. *oit;* Rom. *aia.*

ECHONS, 57: Que nous ayons ; Rom. *agam, aiam.*

Cette forme est complétement analogue à *séchons*, 10 , 12 : soyons ; elle est également le résultat du changement de l' *i* de *ayons* en *j* (on dit encore aujourd'hui indifféremment *éjons*), et plus tard en *ch.* (V. le mot *séche.*) L' *i* lui-même présuppose un *g*, dont il n'est que l'adoucissement et qui, comme le prouvent le roman *agam :* ayons, et le poitevin *ogui :* j'eus (de *habui*), *oguisse :* Que j'eusse (de *habuissem*), est une permutation du *b* de la racine latine. Il faut en dire autant de *ege :* que j'aie, etc., et de *egé :* ayez.

EGÉ *Miz.*, 34 : Que vous ayez. Rom. *aiatz.*

. . . .

PARFAIT.

OGUIS *Miz.*, 25, *oguisse*, *ibid.*, 22, *ogusse*, *G. Poetv.*, IIe part., 82 · Que j'eusse. Anc. Fr. *ausse, aüsse, éuse, euse, ousse*; Rom. *agues*.

OGUISSE *Miz.*, 13 : Que tu eusses; Rom. *aguesses*.

OGUISSE *Miz.*, 24, *oguist*, *ibid.*, 50; *Moirie de S. Moix.*, 95 : Qu'il eût. Anc. Fr. *aüst, aust, ost;* Rom. *agues*.

OGUISSAN *Miz.*, 16, 36, *oguissian*, *ibid.*, 14 : Que nous eussions. Anc. Fr. *eussons, eussom, eusson;* Rom. *aguessem*.

OGUISSÉ, *Moirie de sen Moixont*, 9 : Que vous eussiez. Rom. *aguessetz*.

OGUISSANT, *G. Poetv.* IIe part., 89, *oguissons*, 26, *ibid.* : Qu'ils eussent, Anc. Fr. *aussent, aüssent, oussent*.

On lit dans *la Gente Poetv.* Ire part., p. 48 *ussian;* c'est une forme imitée du Français.

INFINITIF.

AVER, 10, 23 : Avoir, appartient à la fois à l'Anc. Français et au Roman.

AVOY, 47, 58, est une forme plus moderne et qui a pour base le français *avoir*.

OVAY, 79, est une altération d'*avoy*.

PARTICIPE PASSÉ.

OGU, *Gente Poetv.* Ire part., 5; *oguiu, Miz.*, 16 : eu; Rom. *avut, agut*.

Les temps composés étant formés, comme ils le sont en français, avec le verbe même remplissant le rôle de verbe auxiliaire et avec le participe passé, il était inutile de les relater ici. Quant aux personnes qui manquent aux temps simples, il nous eut été facile sans doute de les donner;

mais nous avons préféré les laisser en blanc plutôt que de
les insérer sans avoir d'exemples à citer de leur emploi.

BABIJEOT, 9 : Babeurre, liqueur séreuse du lait.

BACHELAGE, 27 : Etat de celui qui n'est pas marié.
Gardez le bachelage, c'est-à-dire : gardez le célibat,
restez garçon.

BACHELAY, 27 : Garçon, celui qui n'est pas marié. Ancien Français, *Bacheler;* mot qui, sous des formes
diverses, se trouve dans presque toutes les langues
romanes avec la même signification.

BADAY, 63 : Faire attention, prendre garde ; Ancien
Français, *bader.* Cf. le roman *bada :* guette, sentinelle,
et l'anc. fr. *bade :* sentinelle.

Nous pouvons citer, comme exemple de la signification de *baday*, ce vers de *La Mizaille à Tauni*, p. 25.

» Qui ne badé, veau, que de gogné la porte. »

Que je ne pris, certes, garde qu'à gagner la porte.

BALOT, 9 : Lèvre.

BARAY, 81, *pour baillerai:* Je donnerai ; *barat*, 64 : Il
donnera ; *barons*, 73 : Nous donnerons.

BARATAY, 47 : Battre le beurre dans une *baratte*, espèce
de seau plus large en bas qu'en haut.

BARTOLLE (aussi fiers que), 69; variante du proverbe :
Résolu comme Bartole, rapporté par Pasquier, liv.
VIII, chap. 14 de ses *Recherches*. Bartole fut un fameux
jurisconsulte qui florit au XIVe siècle : ses décisions
étaient regardées comme des oracles du droit, et les
arrêts du parlement de Paris, suivant le même Pasquier,

étaient conformes aux *résolutions* de celui que Dumou-
lin a appelé le *premier et le coryphée des interprètes
du droit.* De là serait venu le proverbe que le vulgaire
aurait mal à propos appliqué pour désigner un homme
obstiné, opiniâtre, et par suite *fier,* comme dans la
circonstance dont il s'agit.

BEACOT , 8 : Beaucoup. Le *t* n'est, de même que dans
cot : coup ; *galot* : galop ; *trot* : trop, qu'une addition
euphonique occasionnée par la suppression du *p* qui
rendait les mots trop faibles , et probablement aussi par
la nécessité d'éviter l'hiatus. Ce fait se représente dans
souc : 79, seul; de l'ancien français *soul* que la déperdition
de la dernière lettre avait réduit à *sou ;* dans *oque* pour
o : avec; de l'ancien français *o* ou *od;* dans *etot :* aussi,
pour *itau.* Cf. *nic* pour nid (*Miz.* 7).

BEURETTE (parlant à la), 2. *Parler à la beurette,* c'est
parler à quelqu'un secrètement en cachette. On dit , en
Bas-Poitou, d'une personne que l'on voit aller se con-
fesser : elle va *parler à la beurette.*

BIAS, 71 : Boyaux.

BICOT , 77 : Chevreau ; de l'ancien mot français *bique :*
chèvre.

BISCOIS, 72, se dit de tout ce qui n'est pas régulier, ordi-
naire. Un limousin, un gascon, quoique parlant français
passera pour parler *biscois.* De l'étoffe qui n'est pas
coupée au droit fil, est coupée tout *biscois.* Un chemin
qui n'est pas droit, va tout *biscois.* En Wallon, *bisqué.*

BOCE (la mille), 36 : Expression qui répond à *mille
peste!* La *malbosse* (*malo bosso,* en Languedocien), était
le nom qu'on donnait anciennement à une sorte de

peste , appelée ainsi des bosses ou bubons qui sortaient à la peau. Dans les *Amours de Colas,* act. I, sc. I. *Jean* dit à *Colas :*

« .... As-tu la pire en torse
« Le gezie de coutey , ou ben la malbosse. »

BODAILLE , 34 : Monnaie de billon.

BOUDINOUX , 71 : Qui fait ou vend des boudins.

BOUNGENT , 76 : Interjection qui exprime une idée de compassion affectueuse et qui répond , pour le sens, au *Peccaire* des provençaux et des languedociens. A cette expression de *Bonne gent,* ou *Boungent,* on reconnaît de suite, hors du Poitou , l'habitant de cette province.

BOURGNON, 23. La *coiffe à Bourgnon* est une sorte de coiffe sans coulisse, qui ne se portait guère que dans les communes de Doix , Montreuil et Velluire, arrondissement de Fontenay. On n'en voit plus que sur la tête de quelques vieilles femmes. Un *Bourgnon,* c'est encore cette calotte piquée qui supporte l'échaffaudage de la coiffe , la coiffe complète elle-même, toute montée. Pris en mauvaise part , ce mot signifie une coiffe peu belle.

BOURIN-BOURA , 77 : Pêle-mêle ; expression formée du verbe *bourrer,* et modelée sur cette autre expression française de *cahin-caha.* Celle de *Fourro-bourro* en Languedocien (V. *Dict. languedocien)* a le même sens et n'en diffère que par la première partie empruntée à un autre verbe.

BOUTRAY, 60 : Montrer; *boutra ,* 14 : Il montra; *boutrant,* 46 : Ils montrent ; *boutrerat ,* 65 : il montrera ; *boutré ,* 64 : montré.

BOUTRE , 37 : Une montre ; du verbe *boutray,* (V. ce mot) comme *montre ;* du verbe français *montrer.*

BOUTRE , 59 : Mettre ; *boutit* , 75 : Il mit ; *boute,* 48 : mets. De deux moutons qui se heurtent la tête en se précipitant l'un sur l'autre , on dit : *gle se boutant.* Le verbe *bouter* a été français , et d'un emploi fréquent avec la signification de pousser, chasser. Il se trouve dans le Nicot de 1605 , qui donne plusieurs exemples de son emploi. Plus tard encore Molière s'en est servi : *Je nous sommes boutés:* nous nous sommes mis , a-t-il dit dans le Festin de Pierre , act. II. sc. Iᵉ. Le roman *botar* , *boutar , butar* , le limousin *bouta* , le bourguignon *bôtre* et le lorrain *botté* (V. Oberlin , p. 176), correspondent au français *bouter* et au poitevin *boutre.*

BOUZI , 17 : Morceau. Rabelais l'écrit *boussin* (liv. II , chap. 30 , et prologue du liv. IV) : *Boussin de pain.* En Languedocien et en Gascon *bouci.*

BRASSAILLÉ (glat), 50 : Il a remué les bras, gesticulé.

BRETON , 36 : Etincelle. Ce mot paraît être le même que *bretun* qui avait , en Ancien Français , le sens du latin *eructatio,* comme si l'on disait *eructatio ignis.* Virgile s'est servi d'*eructare* d'une manière analogue , en parlant de l'Etna.

» Interdum scopulos avulsàque viscera montis
» Erigit *eructans* , liquefactaque saxa sub auras
» Cum gemitu glomerat , fundoque exæstuat imo.

» *Tantôt, des rocs noircis par ses feux dévorants ,*
» *Arrachant des éclats de ses voûtes tremblantes ,*
» *(Il) vomit en bouillonnant, ses entrailles brûlantes.*

(Enéide, liv. III, v. 575, trad. de Delille.)

BRIBAY, 77 : Tronc d'un arbre depuis les racines jusqu'aux branches.

BRIOCHE, 34 : Nom de femme.

BRONDI, 80, Retentir avec force. Ce mot, qui a pour corrélatif le français *brandir*, le roman *brandir* et *brandar* et le limousin *brondi* (*), a été spécialisé dans le Poitevin pour désigner le retentissement qui est le résultat de la vibration, tandis que dans les dialectes cités, il signifie seulement *agiter, secouer, branler*. En voici un exemple : *L'air do temps brondisset. (Miz. p. 6.)*

BUCHAT, 67 : Eclat de buche, petit morceau de bois.

BUFFENDEAS, 69 : *Buffendeau*, nom propre.

BUREAS (saut de), 66 : Jeu d'enfants ; cul par dessus tête, culbute. Ailleurs on appelle faire le saut de *bureas* : *faire la coculette*.

BUTTAY, 65 : Prendre pour but en lançant des pierres.

CABANAY, 59 : Cabanier. C'est le nom qu'on donne, dans les marais du Bas-Poitou, au fermier d'une *cabane*.

CAGNOUX, 64, 76. Cagneux, honteux, craintifs.

CALAUD, 65, (au pluriel *caléas*, 67,) est une noix séche, dépouillée de son brou, (*chaffre* en Poitevin) le contraire de *quecas*, qui n'est guère employé que pour désigner des noix vertes, qui ont encore leur brou. Suivant M. HECART, (*Diction. Rouchi.*) à Bonneval (Eure-et-Loir),

(*) Le verbe *brondi* a dans ce dialecte deux diminutifs fort expressifs, *brondido* : secousse violente ; *brondidou* : qui est sans cesse en mouvement, qui se remue toujours. (V. *Le dict. du patois du Bas-Limousin.*)

callot signifierait aussi *noix*. On y use de cette expression : *sec comme un callot*. En Poitevin : *écaler* des noix, c'est leur ôter le brou, et par là les rendre *caléas*.

CALLARD , 66 : Cambouis.

CALOTE , 34 : Une Vache *calote* , est une Vache marquée de blanc en tête.

CANTONS, 68 : Carrefours , places. Le *canton* d'un village est le lieu où se réunissent, dans le jour , les femmes de l'endroit pour filer leur quenouille , etc. C'est là où la malignité des commères s'exerce aux dépens d'autrui , où les secrets de ménage du voisin sont publiés , etc. De ce mot on a fait *cantonner* qui signifie : passer son temps au *canton*, puis on a dit d'une femme qui a cette habitude : c'est une *cantonnière*. Ces lieux sont ainsi nommés de ce qu'ils servent de point de réunion aux habitants du canton , du voisinage.

CAROT , 11, signifie ici un plat en grosse terre , mauvais et ébreché , une soupière. C'est le seul sens qu'a encore ce mot dans la partie du Poitou qui forme le département de la Vendée; mais il est moins restreint dans ce passage de *la Moirie de sen Moixont* , p. 8.

> » Otou lez Escuevin, qui fasiont la roüe
> » Et se pavoniant queme o fant lez Perrot (*perroquets*)
> » Quond glavant tout lou sau de gren dons lou *carrot*.

Carrot , en cet endroit , est le vase dans lequel on donne aux perroquets leur mangeaille. A Bordeaux on appelle *carot* un pot en grès ou en terre, à une anse, qui sert à mettre la graisse, et *carotte* des vases plus grands et à deux anses, dans lesquels on conserve la viande de cochon ou d'oie confite.

CAS, 56 : Avoir. La transcription la plus exacte serait *ca*, le *s* ne se prononçant pas et *ca* étant le même mot que le français *quoi*. On dit ainsi *il a de quoi*, pour il a du bien, il est riche. Par la même raison *quoique* s'écrit *casque*, 10, et *pourquoi*, *precas*, 4.

CHACOT, 9 : Ennui, souci ; dans un sens figuré. Le verbe *chacoter* signifie : frapper à petits coups et continuellement.

CHAFFOURÉ, 58 : Griffonné. ROQUEFORT traduit *chaffourer* par défigurer, embrouiller, rendre obscur.

CHAMPISSERIE, 65 : Action de *champi*, (bâtard) méchanceté. Ce mot a été formé de *champi*, qui anciennement a été français. Comme, d'après l'opinion générale du peuple, les bâtards sont plus enclins que tous autres à mal faire, il a tiré l'appellation qu'il donne aux plus mauvaises actions du nom de ceux qu'il croit capables de les commettre tout naturellement.

CHANSE, (o faut tourner la), 24 : C'est-à-dire changer de métier.

CHATELET, 23 : Devidoir qui sert à mettre en pelottes le fil en écheveaux. Il ne faut pas confondre le *châtelet* avec le *troil*. Avec celui-ci, on met le fil en écheveaux, et avec celui-là, on le met en pelottes : le *troil* tourne perpendiculairement et le *chatelet* horizontalement. (V. le mot *troil*.)

CHAY, 24 : Chien. Roman, *ché*. (V. RAYNOUARD, *Lex. Rom.*)

CHERE (gnen fasoit point la), 60 : Il n'en faisait point la

mine; il se fàchait tout de bon. Cf. le roman *cara* et l'anc. français *chière* : figure , visage.

CHERI , 69 : Faire des caresses, témoigner à quelqu'un qu'on l'aime. Modification du sens qu'a en Français le verbe *chérir*.

CHEURRE, 67 : Choir , tomber. *Je cheusons* : nous tombons. *Je son chet* : nous sommes tombés. (*Même page*.)

CHICOT , 77 : Jeune chien; diminutif de *chay*. On dit : *chicoter* (mettre bas), en parlant d'une chienne.

CHIRON , 77 : Monticule factice de pierres ; tas , monceau.

CHOISISSIT , 5 : Choisit. Cette forme se retrouve dans l'ancien français *presis, pressis , prisis* : je pris; *pressist* : il prit; *presissiens* : que nous prissions. (V. ORELL, p. 253.) *Prisist*, dans le poème espagnol du Cid, cité par RAYNOUARD, *Grammaire comparée* , p. 273.

CORS , 60 , pour *cornes*, par suppression de la dernière syllabe, comme on le voit dans le mot français *cor* , instrument de musique , du latin *cornu*, et dans cette locution de vénerie : *cerf dix cors*.

CRAS (tenait à) 34 : Tenait à *croît*, ou cheptel.

CROUPERE , 23 : Bourrelet que les femmes attachent au bas , et sur le derrière de leur corset, ou brassière , pour soutenir leurs jupes.

DAMERE , 49 ; pour *Dam vère*, composé de *dam*, qui signifiait *Seigneur* et *Dieu*, et de l'ancien français *veir* : vraiment; du latin *verè*.

DARE , 65 : Derrière; *deray* , 80 : dernier, *dare* et *deray* dérivent de l'adverbe latin *retro*, auquel ont été annexées les propositions *ad* et *de*. On dit aussi *are* ou *arre* : en arrière, contraction de l'ancien mot français et poitevin *arrère.* Dans *La Ministr. Nicole* on trouve, p. 7, *en arre* : en arrière. *Deray* fait au féminin *derrère.* Cf. le roman, *reire, reyre* : en arrière; *areire, areyre,* analogue au français *arrière; derrier, derrer, darrier, derier, derer:* dernier. *Enrère* signifie, en Poitevin, *néanmoins, cependant.* C'est le roman *en rère* : en arrière; comme si l'on disait à son interlocuteur : il ne faut pas aller plus en avant, il y a une difficulté, un point douteux à examiner.

DEUROIT, 74, pour *devroit* ; comme dans le roman *deuria,* par suite de la conversion du *v* en la voyelle correspondante.

DÊVE, 65, et *daive,* 50 : Ennui, et ce qui cause de l'ennui, difficulté, embarras. Ce mot se rattache à l'Anc. Français *desver,* qui signifiait d'abord : être hors de la voie de la raison, devenir fou; et ensuite : être fou à force d'ennui, être chagrin. *Endêver* en dérive. (V. DUCANGE et ROQUEFORT). Le Roman a *desviar* : égarer. (V. RAYNOUARD, *Lex. Rom.*).

DEVINGUIT, 5 : Il devint. Dans ce mot et dans ceux-ci : *pringui* (*G. Poetv.,* 1re part., 10) : je pris; *pringuit* (*Ibid.*) : il prit; *prainguirons,* 80 : nous prîmes; *prenje* (pour *prenge*), 49 : que je prenne; *pringu* (*G. Poetv.,* 1re part., 74) : pris; *que te m'aprandje,* 49 : que tu m'apprennes; *vainguiu,* 14 : veuu, il y a eu intercalation du *g,* suivant un usage adopté dans les langues néo-latines. Ainsi on a en Italien, en Espagnol et en Roman, *vengo* : je viens; et en Italien et en Espagnol, *valgo* : je vaux. Le même principe était suivi dans l'Ancien Français, au moins relativement au subjonctif.

5

(V. M. Ampère, *Hist. de la form. de la langue franç.*, p. 163.) Le Poitevin a, comme l'Ancien Français, ajouté aussi cette lettre aux verbes dont le thème se termine par *l* et *r ;* mais, dans le premier de ces cas, cette addition a entraîné la disparition du *l* radical, en facilitant sa vocalisation en *u*, vocalisation qui se remarque continuellement en Roman et en Français : *fogut* (*G. Poetv.*, IIe part., 92) : il fallut ; *faugüiu*, 46 : fallu ; *vogui* (*G. Poetv.* Ire part., 74) : je voulus ; *voguit* (*Ibid.* 77) : il voulut ; *vauge* (*Mizaille*, 45) : que je veuille ; *vegüiu*, 46 : voulu, mot qui est un affaiblissement de *vougu* (*G. Poetv.*, IIe part., 10), et qui correspond au provençal actuel *vougu*, et au Roman *volgut*. — *Paroge :* qu'il parle (Rom. *paraular*, Latin du moyen âge *parabolare*), que l'on trouve dans les *Enseignements d'Aristote*, cités par Roquefort à ce mot, provient d'une cause semblable. On disait antérieurement *parolge* (*Livres des Rois*, p. 224). Dans la *Gente Poetvin'rie*, IIe partie, 11, on trouve *parolant :* ils parlent. — Nous citerons, comme adjonction de *g* après *r* : *y courguis* (*G. Poetv.*, IIe part., 77) : je courus ; *courguirant* (*Ibid.*, Ire part., 30) : ils coururent ; *courgeons*, 11 : que nous courrions ; *courgu* (*G. Poetv.*, IIe part., 11) : couru ; *plourguit :* pleura, et *morguit :* qu'il mourut (*Ibid.*, Ire part., 27). — Cf. *requiergent :* qu'ils requièrent (*Livres des Rois*, p. 264).

DIATRE à quatre (faisant le), 67 : Font le diable à quatre. Euphémisme pour éviter de prononcer le mot diable. *Diatre*, à son tour, s'est déguisé en *diantre*, 79, qui a passé en Espagnol sans changement.

DISSIT , 2 : Il dit. Anc. Franc. *disit*. On dit encore à Genève : il lui *prédisit*, on lui *interdisit*, pour il lui
prédit, on lui interdit (V. *Glossaire Génevois.*)
DOUBLAY , 24 : Bissac.

ECHARBOT, 10 : Hanneton ; du latin *scarabœus*. *Eschar-
bot* et *escarbot*, dans les *Poésies de* MARIE DE FRANCE ,
tom. II, p. 281 ; *escherbote* dans le *Glossarium lat.
gal.* de 1352, cité par DUCANGE au mot *Secubo.*
EGAIL, 61 et 68 : Rosée. Il est remarquable que ce mot,
joint au verbe *faire*, est employé proverbialement pour
dire : *causer du tort, du dommage*, comme on le voit dans
les deux exemples de notre livre. Cette expression vient
peut-être du tort considérable que l'on fait aux près en y
passant quand il y a de la rosée.
EGEMBÉE , 68, pour *enjambée*. La même suppression du
son nasal se remarque dans le même mot écrit *éjombie*
(*Gente Poetv.* Ire part., 85) ; dans *eragé*, 70, pour *enra-
gés* ; dans *effans* , *efantel* : enfant, en Anc. Français ;
éfans (au pluriel), en patois Bessin (V. PLUQUET, p. 104) ;
en Roman *effan* , *efan* ; en Ancien Français , *eferm* ,
pour *enferm* : infirme ; Roman , *eferm.*
EGRAFFIGNÉE , 60 : Egratignée, déchirée, écorchée.
    Egraffigner a été français et RONSARD l'a employé
dans ces deux vers :

    « Toujours le chardon et l'ortie »
    « Puisse esgrafigner son tombeau. »
                    (Epitaphe de Thomas.)

Ce mot, qu'a remplacé celui moins énergique *d'égra-*

ligner, a pour base une racine celtique, conservée en
Breton sous la forme de *krab*; en Gallois sous celle de
craff, qui signifie prendre, saisir, et a produit, dans ces
deux langues, une foule de dérivés. (*V.* les diction-
naires de ces langues.) Le Roman a *grafinar* et *esgra-
finar* dont le sens est le même. (V. Raynouard, *Lexiq.
Rom.*)

EJIMPAILLÉ, 34 : (V. *Gimpaillay.*)

EMOLÉ, 66 : Imprimé.

EMPIRE pas (ne l'), 33, c'est-à-dire ne le met pas en pire
état, en pire position.

ENDURANCE, 77 : Douleur, souffrance. Nous avons le
verbe *endurer*, mais le substantif *endurance* nous
manque. L'Ancien Français cependant avait *endurement*.
(V. Roquefort.) Il faut observer toutefois que les suffixes
de ces deux substantifs n'ont pas absolument la même
valeur.

ESSEARTONS, 69 : Nous déchirons. C'est le même mot
que le français *essarter*, mais avec un sens plus spécial.
On dit, par exemple : *y me say esseartay la moin :*
je me suis déchiré la main.

ESTIPOT, 10, (du latin *stips*) : coffret étroit, en bois,
placé au dedans d'un coffre, à la partie supérieure du
côté droit et dont le couvercle relevé sert à maintenir
ouvert le coffre toujours muni d'au moins un *estipot*,
car souvent il en a deux. C'est là qu'on met l'argent,
que la maîtresse du logis renferme ce qu'elle a de plus
précieux. Le nom d'*estipot* se donne encore à la bourse,
et à tout objet employé à serrer quelque chose. A Bordeaux on appelle *esclipot* le même meuble.

EVARGONDÉ, 71 : Dévergondés ; formés l'un et l'autre de *verecundus*, au moyen des préfixes latins et français *e* et *de*.

EVE, 12 ; *aive*, 25 : Eau. Il est Ancien Français.

FAIL, 11 : Fils ; *ail :* il, ils. Dans ces mots, la conversion de la voyelle *i* en la diphthongue *ai* a pour but de donner plus de poids à ces monosyllabes : elle est une aggravation de l'accent. Elle s'écrit également *ei*. Ce ne sont pas les seuls monosyllabes qui subissent cette aggravation ; elle agit aussi quelquefois sur des mots plus longs, comme dans *peillage,* 69 ; *reignerons,* 75 ; *entorteillés*, 79.

FAILLI, 38 : Faible, chétif, de peu de valeur. En Ancien Français, il avait le même sens. (V. ROQUEFORT.)

FAIT (mon), 24 : Mon avoir, mon bien.

FERAT, 76, *mordrat,* 7, *poirat,* 8, *serat,* 7, *vat,* 65, etc. : Il fera, il mordra, il paiera, il sera, il va, ont une terminaison qui rappelle celle des troisièmes personnes en Latin et qui se rattache à l'Ancien Français. (V. ORELL, préf. p. 4 et 105 et 106 du texte ; DIEZ, t. IIe, p. 189.) Le Roman a perdu le *t*, excepté au parfait simple des verbes en *ar* et en *er*. (V. RAYNOUARD, *Lex. Rom.*, t. I, p. LXIV et suiv.) On lit de même, dans la *Ministresse Nicole* : *Montrat, ferat, marirat, pourrat, etc.*

FOIJOUX, 19 : Receveur du droit de fouage (*).

(*) Le fouage fut établi en Poitou par le poëte Nicolas Rapin, Grand Prévôt de la Connétablie. Nous avons eu sous les yeux la commission royale qui lui fut donnée à ce sujet, au bas de laquelle était la quit-

GALIPOTTE (courir la), 8. Cette locution, dont le sens
propre est celui de courir à la hâte, s'applique spéciale-
ment à la rapidité avec laquelle les sorciers, montés sur
un manche à balai, se rendent au sabat. Il est employé
ici pour désigner la marche la plus prompte qui soit
possible. Il a pour corrélatif le français *galop,* le roman
galaupar, le wallon, *galapia :* coureur, vaurien. *Ga-
lapian* et *galapias* en patois bessin. (V. *contes populaires.... patois de l'arrondissement de Bayeux.*) *Gani-
,potte,* qui est une modification de galipotte, signifie, en
Poitou, *sorcière.*)

GARDEROBE, 23 : Large tablier de grosse toile dont les
femmes se servent pour vaquer aux plus forts travaux
du ménage et pour ramasser l'herbe dans les champs.

GASSE, 68 : Petit trou boueux, petite flaque d'eau crou-
pissante; d'où *gassouillé, ibid :* sali de l'eau d'une *gasse,*
et *gassouiller :* remuer l'eau ou la boue d'une *gasse.*

GASSOUILLÉS, 68 : Salis, éclaboussés par l'eau d'une
gasse (V. ce mot.)

GIMPAILLAY, 59 : Eparpiller, dissiper, répandre çà et là.

GLAN, 35, n'est qu'une transcription différente de *lian.*
(V. ce mot.)

GLE, 5 et *passim :* Il, ils, se prononce mouillé. Il est écrit,

---

tance, écrite et signée de sa main, de la somme qu'il reçut pour le
remboursement de ses dépenses en cette occasion. Nous avions gardé
copie de cette pièce originale ; mais, l'ayant prêtée à une personne
qui ne nous l'a pas remise, nous ne pouvons donner la date fixe de
l'établissement de cet impôt dans notre province. En tous cas ce ne
peut être qu'après 1579, puisque Rapin n'obtint de Henri III sa
charge de Grand Prévôt que postérieurement à cette année.

dans la *Gente Poetv.* 5 et *passim, igl,* et au pluriel *ilgz,*
ce qui est la forme la plus ancienne. Ces mots ont pour
corrélatifs en Italien *egli, gli;* en Roman *elh, elhs, lh.*
(latin, *ille, illi.*)

GNAT, 39 : Il n'a ; contraction de *gle ne at.* Sont formés
de la même manière *gnant :* ils n'ont; *gnau* ou *gnou :* il
ne le, comme dans *gnau pouvant,* 37 : ils ne le peuvent,
et dans *tantous gnou étoit pas,* 50 : tantôt il ne l'était
pas.

GNON, 50 : Non ; modification gutturale de cette conjonction.

GNOU, 50 : Pour *gle ne ou :* il ne l'était pas. (**V.** *Gle* et *O*).

GOGUE, 33 : Sang de cochon ou de veau, cuit dans la
poêle avec du lard et des oignons. La base de ce mot est
le latin *gaudium* dont, par le retranchement de la dernière syllabe et le redoublement de la *première,* on a
formé *gogo. Gogue, goguette, gogaille, goguenard;*
goguinette (à Genève) : plaisanterie, appartiennent à
la même racine. Dans l'Ancien Français, (**V.** ROQUE-
FORT) *gogue* avait en outre la signification de *raillerie,*
plaisanterie, et c'est de cette idée générale de réjouissance qu'est né l'usage d'appeler ainsi un mets qui était
le régal des habitants de la campagne, et que, par cette
raison, ils ne servaient qu'aux jours de gala.

GRAFINOUX, 60 : Ecrivain judiciaire, en général, mais
ici un huissier ; un greffier, dans la *Gente poetev'inrie,*
IIe part., p. 78.

> « Le Graffignoux ou auont écrity
> » Chaffoury et barboüilly ,
> » Dons lours Régistres. »

Et *ibid.* p. 79.

> « Lez Iuocats lez Parculoux,
> » Lez Iuges et lez Grafflgnoux,
> » Lez Sergeons, lez Notocre. »

GRAVAY , 40 : gravir , grimper.

GREMEILLOUSE, 49 : Désireuse, gourmande d'une chose, comme un chat l'est de fromage. On dit mieux et on prononce *cremeilloux , cremeillouse.*

GROC (y ne retiras), 78 : Je ne retirais rien. Quand on a mangé de quelque chose sans en rien laisser , on dit : il n'en reste *groc.*

GUEDÉ , 63 : Rassasié outre mesure, à en étouffer. Ce mot est en usage ailleurs qu'en Poitou , notamment à Rennes et en Normandie (V. *la liste alphabétique des mots en usage à Rennes , dans les Mélanges sur les langues dialectes et patois. —* V. aussi *Contes popul. patois... de l'arrondissement de Bayeux.*)

GUIARRE (nous courant netre), 69 : Courir la *guiarre* à quelqu'un, le poursuivre. *Netre* (notre) est pris ici passivement : *la guerre que nous éprouvons, que l'on nous fait.*

GUIERE fin , 22 : Peu fin , sot.

GUIET APANS (la moin) 56. *La main guiet apans,* c'est la main prête à prendre, à dérober.

HEARCE , 58 : Herse.

HEULAY, 41 : Huer ; onomatopée. L'allemand *heulen* paraît être le même mot. Ce rapport ajoute une nouvelle force à l'opinion de DIEZ, (*Grammaire des langues romanes*, t. Ier, p. 264) que dans le mot français *hurler* (lat. *ululare*), le *h* est dû à l'influence germanique.

IQUIAU LON, 79 : Ici au long ; c'est-à-dire : auprès. Cette locution est commune au Berry : *viens t'en au long de moi.* (V. le *Vocab. du Berry*).

ITAUX, 56 : Tels. *Itaux* est le pluriel de *itau*, qui est formé de *tau* : tél , avec l'addition de *i*, comme l'observe M. FALLOT (p. 401). D'après lui, *itel*, *itez*, *itex*, *iteus*, *itau*, étaient usités surtout dans les pays de dialecte picard, et en Poitou. On disait de même *itant*, pour *tant*, (*ibid*. p. 393) *icelui* pour *celui*. Ajoutons que dans la *Gente Poetevin'rie* (*) on trouve *iquou*, *iquo*, et *iquau :* ce, cet; *iquate* et *iqualle :* cette; *iqueu :* cela; *iqué*, *iquez* et *iquallez :* ces, ceux. *Itau* s'y trouve aussi (Ire part., p. 47), avec sa signification originelle, pour dire *tel :*

« Jamé ne vi itau mistoire. »

Cet *i* paraît n'être autre chose qu'un débris du prénom *hic*, réduit à l'état de préfixe, et ajouté indifféremment au masculin et au féminin de ces pronoms pour exprimer un degré plus grand de proximité de la personne qui parle. La différence des adverbes *ci* et *ici* confirme cette étymologie. On dit adverbialement *itau*, *itou*, *etot :* aussi , comme. Sur le *t* final de *etot* V. le mot *Beacot*.)

(*) Ire part., pages 28, 44, 65, 11, 34, 47, 41, 48, 33 et passim.

JANCAY , 67 ; et *ajancay,* 71 : Balayer ; du français *agencer* : mettre en ordre, arranger, pris en Poitevin dans le sens spécial de nettoyer une chambre , la balayer.

JARNONGOY, 56 : modification de *jarnonguieu,* qui est un euphémisme pour *jarniguieu,* lequel, à son tour, n'est autre chose que la prononciation poitevine de *jarnidieu :* je renie Dieu.

JARGUET , 47 : Sorte de jaquette que l'on donnait autrefois aux petits garçons entre la robe de l'enfant et le vêtement de l'homme. Maintenant ce mot s'applique à toutes les robes d'enfants , dans les communes voisines des marais de Doix.

JOBRÉ , 63 : Barbouillé , graissé de sauce, etc. Lorsqu'il s'agit d'une chose sale et dégoûtante , on dit : *doiré.*

LAU, 2, 38, etc. : Leur. Il aurait fallu écrire *lo.* Anc. Franç. et Rom. *lor* ; Italien *loro.*

LAVARIT , 81 : Cabane montée sur deux ou quatre roues dans laquelle couche le berger chargé de la garde des moutons que l'on fait parquer. On prononce plus généralement *navarit.*

LIAN , 81 , ou *glan,* 35 : Là dedans. C'est l'ancien mot français *léans* , prononcé mouillé. *Léans* est le corrélatif de *céans,* comme en Poitevin *lian* est celui de *cian.*

LURAUX , 69 : Luron.

MABLE , 60 : Faible, nul, sans valeur. *Daux hoummes le pu mable* : toi qui des hommes est celui qui a le moins de valeur, qui est le plus méprisable. *Mable* , dans le sens de faible, se dit aussi des terres.

MAIL , 33 : Mil cuit dans du lait, après l'avoir égrugé.

MARFIN, 34 , 56 : Un tas, une quantité. Il en est qui disent autrement : *in malfin*.

MARGOY , 57 : Euphémisme de *Morgieu* : Mordieu. (V. Jarnongoy.)

MAY , 62 : Plus , Anc. Fr. *mais* ; Rom. *mais* , *mai*.

MEN'ANTE, 75 : ma tante. *Ante* est l'ancien mot français ; du latin *amita*. *Tante* est une modification due à l'adjonction du *t* euphonique. Cf. l'anglais *aunt*.

MERE , 51 : Certainement, oui ; apherèse de *damere* (V. ce mot).

MENETRÉE , 67 : Salaire du ménétrier. *Faire payer la menetrée* correspond à l'expression : *Faire payer les violons*.

MET , 20 : Pétrin. *Met* a été français ; il se trouve dans le NICOT de 1605. On écrivait aussi *maict* , *mect*, ce qui indique qu'il dérive du mot grec et latin *mactra*.

MÉTAS , 38 : Métayers. On dit au singulier *metay*.

MEUGNES (ferat daux), 65 : Fera la moue, des grimaces.

MILAY (a) 41 : A milliers.

MITAN, 79 : Milieu. Ancien français, et usité encore dans un grand nombre de patois.

MOTINES , 79 : Laiche (carex paludosa) plante marécageuse appelée ainsi , parce que ses racines, en s'agglomérant et en s'élevant au-dessus du sol , forment comme des espèces de mottes.

MOULE PRE MOULÉ , 57 : C'est-à-dire : *imprimé pour imprimé* ; ce qui reviendrait à la phrase latine : *imprimatur quod imprimatur* , analogue à celle-ci : *dicatur quod dicatur* : que l'on en imprime ce que l'on voudra, que l'on en dise ce que l'on voudra.

MOURABLE , 34 : Tuant, à faire mourir, assommant.

NAIRS , 70 : Noirs. Roman , *ner* et *nier*. *Quies père tout nairs* sont les Jésuites , qui avaient un collége à Fontenay.

NAU (qui) pouvons entendre, 68 , pour *qu'i n'o*..... que nous ne le pouvons entendre. (V. le mot O).

NEARME , 8 : Personne. Ce terme , qui signifie littéralement *pas une âme*, a pour base une suite de modifications des mots *ne anima* , locution que ne répudierait pas le latin classique , si on y ajoutait *quidem*. Il est indispensable de les mentionner ici pour renouer la chaîne qui lie à sa souche l'expression poitevine. — Au Nord , le *poème de sainte Eulalie* nous présente ce mot encore sous sa forme primordiale. Les *Livres des Rois* ont tantôt *aneme* (p. 320), tantôt *anme* (p. 101.) Au Midi, le *Poème sur Boèce* nous donne *anma.* Nul doute que *anma* n'ait été précédé de *anema* : la permutation de l'*i* bref en *e*, en Roman, dont on peut voir de nombreux exemples dans la *Grammaire* de DIEZ, (t. 1ᵉʳ, p. 133.) et la comparaison du français *aneme*, ne laissent guère de doutes à cet égard. L'*e* prit très rapidement le caractère d'*e* muet. Déjà , comme on l'a vu, le traducteur des *Livres des Rois* écrit simultanément *aneme* et *anme*, et des vers de la *Vie de S. Thomas de Cantorbéry*, cités par M. AMPÈRE, (p. 378), d'après l'édition de M. Bekker, prouvent que dès la seconde moitié du xIIᵉ siècle, la prononciation de cette voyelle s'était tellement effacée dans ce mot qu'elle ne comptait plus pour la mesure. Or, il était difficile que ce groupe, composé

d'éléments différents, mais en une affinité intime, persistât dans son intégrité. Deux voies étaient ouvertes :
l'assimilation du *n* ou sa conversion en une lettre également en rapport avec lui, mais plus éloignée de *m*.—
Le français *âme* appartient au premier de ces modes :
l'élévation de l'accent y tient lieu du redoublement du *m*.
Le second mode se reconnaît dans l'italien et l'espagnol *alma*, et dans l'ancien français *alme*. La transition
si naturelle d'une liquide à une autre conduisit bientôt
en Catalan et en Roman à *arma* et en Français à *arme*,
que l'influence de la prononciation préférée dans le Nord
et dans l'Est de la France convertit en *airme* et *erme*.
Ainsi l'on a :

Roman, ANMA.

Ancien Français, ANEME et ANME.

Italien et Espagnol, ALMA.

Anc. Français, ALME. (V. Notice sur la vie et les écrits
de Robert Wace, par PLUQUET, p. 60; FALLOT, p. 243,
et MARIE DE FRANCE, tom. II, p. 495.)

La modification de *alme*, qui serait le plus en harmonie avec l'analogie générale de la langue, serait *aume*. On
la trouve dans les lois de Guillaume-le-Conquérant, § 41.
(V. Lois des Anglo-Saxons, par M. REINHOLD SCHMID,
p. 185) mais, comme divers manuscrits portent *amne*,
(V. *ibid.*), nous n'oserions assurer que la leçon soit à
l'abri de toute incertitude.

Roman, ARMA.

Anc. Français, ARME (V. MARIE DE FRANCE, t. II,
p. 309, et RUTEBEUF, t. I, p. 66 et 112.)

Uni aux adjectifs possessifs *ma* et *sa*, ce mot s'écrivait *m'arme* (*Garin le Loherain*, t. I, p. 113), et *s'arme* (*Annales du règne de S. Louis*, *par Guillaume de Nangis*; p. 276 de l'édit. de 1761 de l'*Histoire de S. Louis*, *par Joinville*.

ERME se lit dans *Parise la duchesse*, p. 126.

Le *Livre de Job*, publié à la suite des *Livres des Rois*, nous donne, p. 448, 464, 465, etc. *anrme*, et les *Sermons de S. Bernard*, insérés dans le même volume, p. 520, 537, 540, *ainrme*. Ces formes résultent d'une simple nasalation : le *r* est seul le représentant du *n* radical. D'après un passage de ces sermons, rapporté par Raynouard (*Gram. comp.*, p. 241), on lirait aussi *airme* dans le manuscrit qu'il cite; ce qui nous offrirait le point intermédiaire d'où l'on est arrivé à *erme*, *anrme* et *ainrme*.

En Poitou les destinées de ce mot furent semblables; nous en donnerons quelques exemples :

ARME. *Por le salu de m'arme*, lit-on dans une charte de confirmation (7 mars 1208), par Guillaume de la Roche, sire de Machecoul, d'un don de certains domaines fait aux templiers de la Rochelle, par Guillaume de Tournay, son vassal. (V. *Recueils manus. de D.* FONTENEAU, t. XXV, p. 305.)

ERME. *Por le salu de m'erme*, dans une charte de Geoffroy de Lusignan, sire de Vouvent et de Mervent, de l'année 1234.

MARME sur mon âme; sorte d'interjection affirmative.

« Marme y le fi ben laschi. »

Gent. Poetv., 1ʳᵉ part., 74.

« Marme glou dison d'assuronce. »

Ibid., IIe part., 13.

« Marm'o l'est tan bea visage. »

Ibid., 80.

MENERME : même signification que *marme.*

« Menerme y ly douny
» In bel annea dory. »

Ibid., Ire part., 77.

Dans le patois du Jura, on se sert de l'affirmation *m'n arma.* (V. dans les *Mélanges sur les langues, dialectes et patois,* le *Vocab. de langue rustique et popul. du Jura,* par M. Monnier, au mot *arma.*) Le roman *arma,* le français *erme,* joints à la conjonction *ne,* donnèrent *narma* et *nerme.* Le premier s'est conservé en Auvergne :

« Cregeas-me, you, faut pas que narma pus sen mele.

Le Tirage ou les Sorciers, poème en langue auvergnate , p. 9.

« ...... Mâ surtout preniaz garda
» Que narma sache re de ce que nous regarda. »

Ibid., p. 13.

Le second se rencontre dans la *Gente Poetevin'rie ,* Ire part., p. 1, et dans la *Ministresse Nicole,* p. 11. NEARME est une altération provenant de l'influence du *r* sur l'*e,* ainsi qu'il arrive dans les mots *guiarre, tearre,* etc. Il ne saurait être considéré comme étant le résultat de la réunion de *ne* à *arme;* d'abord, parce qu'il

serait contraire à la nature de l'idiome que, dans le con-
cours de deux voyelles, la première ne s'absorbât pas;
ensuite parce que les passages cités plus haut de la charte
de Geoffroy de Lusignan, de la Gente Poetevin'rie et de
la Ministresse Nicole, démontrent que *erme* existait
depuis plusieurs siècles dans le langage poitevin.

Dans les vers suivants de la *Mizaille à Tauni*, p. 3 :

« Quous esté à mon gré tous deux ben accoublé,
» Le chetit à vauren, le fou o le nounesme. »

nous voyons dans le mot *nounesme*, une expression
absolument identique à *nerme*, et quant à l'idée et
quant à la prononciation. Le *s* est constamment em-
employé dans cet ouvrage, comme dans les autres
poésies de DROUHET, pour indiquer l'élévation de la
voix. — Cf. *esme*, (*Ministr. Nicole*, p. 12). La *Gente
Poetvin'rie* écrit plus exactement *éme*, (Ire part., p. 26,
et IIe part., p. 80).

NIFETÉ, 49 : Flairer, mettre le nez partout pour chercher. Cf. le languedocien *nifla, nifleja* : flairer, reniffler,
(V. *Diction. languedocien.*)

NOUAY, 69 : Noyer, qu'on appelle aussi *nougié* en d'autres contrées du Poitou, d'où l'on a fait *nougerée* : lieu
planté de *nougiés. Nougié* ne diffère de *nouay* qu'en ce
que la gutturale qu'offrent les mots latins *nux* et *nucetum*
s'y est maintenue, avec un léger affaiblissement néanmoins.

O : Cela ; du latin *hoc. O sont de pauvres complimens*,
13 : ce sont de pauvres compliments; *o semblait être*

nos fougères, 15 : ce semblait être...; *o fut à madame sa mère,* 17 : ce fut à madame... Dans les verbes impersonnels *o*, répond à *il : O faudrat s'armay d'in doublay,* 24 : Il faudra...; *o faut qu'a set soignée,* 25 : Il faut qu'elle soit soignée. Suivi d'un verbe commençant par une voyelle *o* reçoit un *l* pour éviter l'hiatus, comme dans *o l'est,* 24 : c'est. Placé à la fin des verbes, il se change *quelquefois* en *ou.* Exemple : *disou,* 50 : dis le. On le trouve aussi écrit *au.* (*V.* le mot *Nau.*) Cf. *hou,* en patois bressan des environs de Saint-Amour, cité par M. Monnier, au mot *sarvo,* dans le *Vocab. de la langue rustique et popul. du Jura,* inséré dans les *Mélanges sur les langues dialectes et patois.*

OQUE, 11 : Avec. (V. sur ce mot l'explication donnée au mot *Beacot.*)

OULLE, 47 : écuelle de terre. Latin, Italien et Espagnol *olla ;* Rom. *ola ;* Anc. Fr. *oulle.*

PAUGRIGNE, 62 : *Paugrigné* un objet, c'est le tourner et retourner en tout sens avec les mains. *Paucres,* en Poitevin, signifie de grosses et vilaines mains. A Rennes on écrit *pocres.* De ce mot a été formé le verbe *paugrigné,* et *pautrigné,* qui se dit aussi.

PAVAS, 79 : Sorte de rouche, commune dans les marais de la Vendée et dont on se sert, après l'avoir fait sécher, pour couvrir les toits. Ce doit être le *scirpus lacustris,* ou *maritimus* des botanistes. On donne aussi le nom de *pavas* au duvet qui fournit le *typha* et dont on fait des oreillers.

PETOUNAY, 20 : Piétiner, maugréer en trépignant; formé du mot *pié*, de la même manière que le sont *piéton*, et *piétiner*. A Genève, *pioton*, *piotonner*. Dans le Berry, on emploie *pétonner* et *pétouner* pour signifier aller furetant, s'occuper de petites choses où l'on a que faire. (V. *Vocab. du Berry.*)

PESCRES, 67 : Malpropres, sales. Ce mot est probablement le même que *pouacre* qui a signifié primitivement goutteux (*podager*), qu'on a ensuite employé pour dire *sale*, et qui est enfin devenu un terme d'invective.

PIBOLE, 9 : Espèce de flûte à bec, à trois trous. Jouer de la *pibole* se dit *pibolay*, ce que l'on voit par ce vers de la page 76 :

« Te pibole à ton gré, daux airs vieux et nouveas. »

Il existe une ronde poitevine dans le refrain de laquelle se trouvent ainsi employés le substantif et le verbe.

« Au printems la mère ageasse   (*bis.*)
» Fit son nid dan'in boisson ,
          » La pibole,
» Fit son nid dan'in boisson ,
          » Pibolons. »

PICHAY, 25 : Sorte de pot à bec en grosse terre, ou en grès, dont on se sert et pour tirer le vin de la barrique et pour le servir sur la table. Le même mot, avec la même signification, se trouve dans presque tous les dialectes de la France, et il a été autrefois français (V. ROQUEFORT). En Roman, *pichier* et *pechier*; en Languedocien, actuel, *pichier* et *pechier*; en Italien ancien, *pechero*, et dans l'Italien moderne *bichiere*. Le Français a conservé ce mot sous la forme *bichet*, qui sert à désigner une ancienne mesure de blé.

PIDOUX (jà), 58 : C'est-à-dire : autrefois digne de pitié ; piteux, misérable. *Pidoux* est un affaiblissement de l'ancien mot français *pitous*, *pitoux*, comme *pidé*, 12 et *pideable* (*Miz.* 24) le sont de *pité* et *pitéable* : pitié, misérable, et de plus miséricordieux.

PIROT, 9 ; diminutif de *pire :* foie.

PIVELÉ, 66. On donne cette épithète aux quenouilles et aux bâtons sur lesquels on grave, avec un couteau, des carrés, des losanges, des cœurs et autres figures, et quelquefois en outre le nom de la personne à qui ils appartiennent. On enduit ces rayures de cambouis, en Poitevin, *callard.* La signification originaire de *pivelé* est certainement celle d'*orner*, *enjoliver*. Il a pour analogues les anciens mots français *pipoler*, *pipouler :* parer avec soin, enjoliver ; *pipeloté :* ce qui est fort orné, (V. ROQUEFORT) et ceux romans *pipar* et *pimpar :* (V. RAYNOUARD, *Lexique rom.*) orner ; d'où le français *pimpant.* Le second *p* a été changé en *v* pour éviter le son rude du *p* redoublé. La forme la plus voisine de *pivelé* est *pipeloté*, qui n'en diffère que par l'addition du suffixe *oté*, exprimant l'idée de petitesse et par suite celle de gentillesse.

PLEAUX, 59 : Poils, cheveux (*l* mouillé). *Pleau* est un diminutif qui suppose l'existence de *peil*, dérivé du latin *Pilus*, et dont le français *poil* est une modification, comme *roi* l'est de *rei*. Le Roman dit *pel*, *pelh*.

POIS, 40 : Peu. *Depis pois ;* depuis peu. *Pois* a été français (V. ROQUEFORT.)

PORÉE, 77 : *Porreau ;* c'est l'ancien nom français.

POUSSIOT, 9 : Asthme. Cf. le mot français, *pousse.*

POUVRE, 67 : Poudre, poussière ; du latin, *pulvis.*

POUX, 2, 4 : Peur. En général les mots français en *eur* font *oux* en Poitevin : tels sont *mangeoux,* 56, *meilloux,* 33, *parculoux,* 57, *peilloux,* 62, *rapinoux,* 37 *travailloux,* 36, *voloux,* 57, etc. : Mangeur, meilleur, procureur, pilleur, rapineur, travailleur, voleur. Il en est cependant, mais en très petit nombre, qui ont une double terminaison : comme *poux* et *voloux,* écrits *paux,* 69, et *volux,* 56, 60.

Cette désinence en *oux* est un affaiblissement de celle en *our* qui prédominait antérieurement ; car, dans la *Gente poetevin'rie,* surtout dans la première partie, où se trouvent les plus anciennes poésies de ce recueil, les mots semblables finissent presque tous en *our.* Ainsi on y trouve *amprimour,* dès le titre et p. 37, *brouillour,* 48, *coulour,* 74, *deffandour, demandour,* 16, *labourour,* 54, *millour,* 45, *mocquour,* 38, *mounoyour,* 15, *signour,* 40, etc... Les seules exceptions que nous y avons remarquées portent sur les mots *parloux,* 23, *plœdoux,* 64, *poux,* 91 et 101, *parculoux,* 64, 100 ; et encore ces deux derniers font-ils *pour* et *parculour,* p. 58, et 25 de la IIᵉ partie, dans laquelle la terminaison *oux* commence à apparaître un peu plus fréquemment. Elle remplace partout celle en *our* dans les poésies beaucoup plus modernes de DROUHET et dans la *Ministresse Nicole,* où douceur, humeur, gaudisseur, leur, font *douçou, himoú, gaudissou, lou* (V. *Moirie de sen Moixont,* p. 10, 11 et 9). Voyez encore, dans

la *Miz. à Tauni, discourou*, 15, *fricassou*, 10, *fréichou*,
39, *furou*, 5, *malhou*, 4, *meillou*, 41, *pleurou*, 22,
recevou, 29, *tracassou*, 18; et dans la *Ministr. Nicole,
aillou*, 1, *doctou, honnou, pastou*, 6. La désinence
originelle était en *or*, et par là elle se rapprochait da-
vantage du type latin et de formes que possèdent à la
fois le Roman et l'Ancien Français. Ainsi la charte de
Geoffroy de Lusignan de 1234, citée au mot *nearme*,
écrit *Munsignor :* Monseigneur. Plus tard *or* s'adoucit
en *our* et a fini par s'affaiblir tout à fait par la perte
de sa dernière lettre qu'est venu remplacer un *x* inor-
ganique dû à une imitation orthographique de la terminaison des adjectifs en *oux*, tels que *pidoux*, p. 58;
pouilloux, 21, etc. La modification française de ce
suffixe en *eur*, provient de l'influence du dialecte picard.

PRANGOULESME (ont passé), 34; C'est-à-dire : ont été
avalés, par allusion à la ressemblance du mot *goule*,
avec le nom de la ville d'Angoulesme.

PRANJE, 49 : Que je prenne, *que te maprandje, ibid :*
Que tu m'apprennes (V. *Devinguit*).

PREQUESTO , 50 , pour *pre-que-est-o :* Pourquoi,
est-ce que.

QUENAUGUIU , 46 : Connu. Roman, *conogut ;* Italien,
conosciuto. Les formes romanes et italiennes du participe
se rencontrent à chaque instant en Poitevin. Ainsi on a
chesu, 22 : tombé, *cazut* en Roman, *caduto* en Italien ;
peguiu, 31 : pu, Rom. *pogut*, Ital. *votuto ; vainguiu*,
14 : venu , Rom. *vengut*, Ital. *venuto*, etc. Quelquefois
même le participe poitevin s'éloigne du Roman et de

l'Italien irrégulier , tandis qu'il concorde entièrement avec l'Italien régulier : tels sont *metu* , 61 : mis, Rom. *mes*, Ital. irrégulier, *messo* , Ital. régulier *metuto* ; *naquiu*, 13 : né, Rom. *nat*, *nascut* . Ital. irrég. *nato*, Ital. reg. *nasciuto* ; *prenu*, 72 : pris, Rom. *pres*, Ital. irreg. *preso* , Ital. reg. *prenduto*.

QUÉNE, 57 : Canne , femelle du canard.

QUENUE , 68 : Connue. Cette forme doit son origine à l'affaiblissement de l'*o*, qui a dû changer d'abord cette voyelle en la diphthongue *eu*. *Queugnes*, 65 : (pour *cognes*) coups , meurtrissures , mot qui se rattache au verbe *cogner* est un débris de cette modification intermédiaire. L'*u* de *quenue* n'est point grammatical ; il est purement graphique et nécessité par la valeur du *s*, que prend en français le *c* devant *t* et *o*. Ces observations s'appliquent également aux mots *quemanday* , 42 : commander ; *quemune*, 80 : commune; *quemance*, 81 : il commence ; et à *men*, *ten*, 17 , *sen* , *netre*, 41 , *vetre* , 27 : mon , ton , son , notre , votre , etc. , etc. L'Ancien Français a dit, de la même manière, *quenoistre:* témoins ces vers de *la Bible Guyot*, cités par ORELL, p. 233 :

> » Il quenoist tot, et set et voit. »

> » Cil ne quenoissent, cil n'entendent. »

On en pourrait rapporter maints autres exemples pris dans divers auteurs anciens. *Quenoistre* se trouve notamment plusieurs fois dans le *Chastoiement*.

QUEUGNES, 65 : Bosses à la tête, meurtrissures. *Queu-*

gnes est une modification du mot *cognes*, qu'on emploie
dans le même sens et dont l'origine se retrouve dans le
verbe *cogner*. (V. le mot *Quenue*.)

QUIARE, 2 : Chercher ; *quiarche*, 11 : cherche. Le son
exprimé par les lettres *qui*, dans ce mot et dans *quieur:*
cœur ; *quieu*, *quiès* : celui, ces, est étranger au Français régulier. Il diffère de celui de *qui* en ce que la langue, en se courbant, vient s'appuyer fortement contre
le palais. On ne saurait en donner une idée à ceux
qui ne l'ont pas entendu. Il se modifie quelquefois en
t, changement qu'il doit au caractère spécial de sa prononciation et à l'influence du *r* sur le *c* ; c'est pourquoi
l'on trouve : *allons trechay*, 11; *quielay se trompant qui
trechant*, 21. Le mot français *charte*, du latin, *carcer*,
présente un changement analogue.

QUIAU, 2, 5, 64 : Ce, celui, cela. *Quiau* vient de *qualis*,
comme le prouve le roman *qual*, *qal, cal* modifié par le
changement si fréquent qui s'opère du Latin au Français du *l* en *u*. Le *l* se conserve devant les terminaisons
qui commencent par des voyelles. Il s'écrit alors *quiel* et
même *queul*, ainsi que le démontrent les exemples suivants : *quiel accoutrement, queul atirail*, 47, écrit
à tort *queux latirail*. On dit indifféremment *quieu* ou
quiau; le premier correspondant à *quiel*, comme le second au *qual* du Roman. Combiné avec *est*, troisième
personne du présent du verbe *être, quiau* fait *quieut*, 54:
cela est.

QUIEURS, 10 : Cœurs. (V. *Quiarche*.)

RAVAUDERIE, 73 : Propos, discours niais, futiles. Ce

mot du reste est français, mais peu usité. Il a été formé du verbe *ravauder*.

RELET, 32 : Restes, choses délaissées : en Ancien Français, *relais*, qui n'est plus employé que pour signifier
les terres délaissées par la mer.

ROUGET, 32 : Os dont on a rongé la viande.

ROUILLAY, 46 : Regarder fixement, attentivement, en
roulant les yeux.

S'EBRAILLOIT, 50 : Il s'égosillait, il braillait.

SÉCHE, 23 : Que je sois; *sèche* 65 : qu'il soit; *séchons*,
10, 12 : que nous soyons; *séchant*, 61 : qu'ils soient.
Anc. Français *see* ou *seie* : qu'il soit; *seyem, soiomes*,
seionz, seyens : que nous soyons; *séent, soivent* : qu'ils
soient. (V. ORELL., p. 87, et FALLOT, p. 473.)

Les nombreuses modifications que le type latin a
reçues dans les langues modernes remontent toutes à
une cause commune dont l'influence a agi différemment
dans chacune d'elles, mais est partout reconnais-
sable : c'est l'accentuation dont le mot originaire était
frappé et qui s'est développée, soit en une voyelle plus
pleine, soit en une diphthongue, soit même en une con-
sonne. Ces divers degrés se retrouvent dans l'espagnol
sea, sea, seamos, sean; dans l'ancien français *seie, seit,
séent, soivent;* le français actuel *que je sois, qu'il soit,
que nous soyons, qu'ils soient,* par suite de la conversion de *ei* en *oi,* comme dans *roi, loi, il avoit,* pour
rei, lei, aveit; le portugais *seja, seja, sejamos, sejao;*
le grison *seigig, seigig, seigian* ou *seigien.* l'Italien et le
Roman ont conservé l'*i* dans son intégrité. La concor-

dance de ces idiomes à admettre un *a* que n'a pas le latin classique, ou à le remplacer par *e*, suppose nécessairement l'existence de *siem, sias, siat, siamus, siatis, siant*, lesquels correspondent aux formes antiques *siem, sies, siet, sient, etc.*, que l'on lit dans Plaute, dans Térence (*V. les Index annexés à leurs œuvres par M. Naudet et par M. Lemaire dans la Collection des classiques latins*), et dans quelques autres auteurs, mais qui trahissent une origine bien plus reculée encore, à moins, ce qui est beaucoup moins probable, que l'on n'y voie une imitation grossière des verbes qui, comme *audio, fio*, ont leur subjonctif en *am*. Le portugais *seja, sejamos*, (le *j* prononcé comme en français), a son parallèle exact dans le poitevin *sége, ségeons* (pour *sége, séjons*), dont *séche, séchons* n'est que la forme forte. Cf. *sége* : que je sois; (*G. Poetv.* Ire part. 90), *seige*, (*ibid.* IIe part. 98) et *sege* : qu'il soit; (*Miz. à Tauni*, 49) *segeons* : que nous soyons. (*Lez bon et bea prepou do boun-home Bretau*) *segé* : que vous soyez; (*Miz.* 28) *segeont*, (*ibid.* 49) et *segeant* : qu'ils soient (*G. Poetv.* IIe part. 5). Dans le Grison ou Roumanche *seigig*, que je sois, *seigien*, qu'ils soient, la prononciation est plus marquée et ressemble à celle du *g* italien. (*Gramm. Roumanche de Conradi*)

Concurremment avec ces formes, le Poitevin en possède qui sont communes à l'Ancien Français : telles sont *set* (*Miz.* 24) : qu'il soit. Ancien Français, *seit, seyont*, (*Ministr. Nicole*, 13) : qu'il soient, Anc. Fr. *séent*, etc.

D'autres, comme *ertez*, (*G. Poetv.* Ire part. 94) : j'étais : *ertet*, (*ibid.* 6, 11) : il était; *ertiant*, (*ibid.* 4, 18) : *erté*;

C

(ibid. 5*)* : ils étaient, été paraissent se rapporter à la troisième personne du singulier de l'imparfait de *sum, erat*, employée abusivement comme un thème. *Erat* a passé dans l'Ancien Français sous la forme de *ert* ou *ere* ; en Roman, *era, er*. Ce serait selon nous de *ert* que seraient dérivés *ertez, ertet, erliant*, etc.

SEGANCE, 81 : Suite. Anc. Français, *sequance* et *sequence* ; du latin *sequentia*.

SEILLAS , 12 : Seaux ; forme intermédiaire entre le latin *situlus*, ou *situla*, ou plutôt le diminutif *situlellus*, qui a dû exister, et le français *seau*. On dit aussi *seille* : il correspond directement au latin *situla*. *Seille* a été français ; (*voyez* NICOT, FURETIERE et MÉNAGE). Il se trouve dans le roman du Renart, tome Ier, p. 245. En Roman : *selh*, *selha, seilla*. *Selh* correspond à *seau* et *selha, seilla* au poitevin *seille*.

SEPPE , 69 : Tige d'un arbre. L'étymologie demanderait que ce mot s'écrivît par un *c*, comme le prouve le latin *cippus*, tronc d'arbre, l'italien *ceppo* et le français *cep* ; cependant on l'a écrit aussi autrefois par un *s*, suivant la remarque du dictionn. de Trévoux. *Seppe* signifie encore en Bas-Poitou un arbre dont on a coupé la tête pour l'empêcher de s'élever, afin de lui faire produire plus de branches ; c'est ce qu'on appelle aussi *souche, têtard*.

SERPILLAS , 33 : Morceau de grosse toile usée, en lambeaux. Cf. le français *serpillère*.

SORET, *essoreillé*, 55 : Essorillé, à qui on a coupé les oreilles.

SOTÈRE à cousin, 67 : On donne ce nom à des trous que font les enfants pour jouer à certains jeux. Ici il désigne de petites chausse-trappes creusées pour attraper les passants et les faire tomber ou salir.

SOULAILLÈRE, 57 : Lieu abrité du nord et où le soleil donne. Le mot espagnol *solana*, répond au mot poitevin et a le même sens On appelle encore *solana* dans la Péninsule une galerie ouverte au midi, située à l'un des étages supérieurs de la maison et où les Espagnols vont, pendant l'hiver, jouir de la chaleur du soleil. Pas un couvent qui n'eût sa *solana*.

SUPPAY, 63 : Sucer, formé par onomatopée ; Ancien Français suivant Roquefort.

TALBOT, 8 : Billot de bois qu'on pend au cou des bœufs pour les empêcher de courir lorsqu'on les conduit à l'abattoir ou aux pacages. On met également un talbot aux chiens pour les empêcher de divaguer.

TANÈRE, 15 : Ce mot est peu ou point usité en Poitevin, pour signifier *étable, toit :* on dit *tet aux bœufs, tet aux oueilles*.

TENAILLAY, 22 : Espèce de râtelier ou d'échelle, suspendu à plat au plancher et sur lequel les gens de la campagne placent leur pain.

TEMPORAGES, 74 . Manière d'agir, de *tempérer* ses actions.

TEARRE, 65 : Terre. La diphthongue qui se trouve dans ce mot, et dans les suivants, *fearme, pearte*, 3, *pease*, 79, etc., est produite par l'influence de son rude et presque aspiré du *r*. C'est à l'*e* près, dont la prononciation est très-rapide, l'*e* et l'*i* des mots anglais *merchant, perceive, bird, sir*. La prononciation des mots anglais *clerk* et *preserve*, est presque identique à celle des mots *clarc*, 49, *présarve*, 6. *Clarc* se trouve aussi dans l'Anc. Français (V. FALLOT, p. 99).

TIRAGNE, 32 : Morceau de viande cartilagineuse ; s'applique aussi à un morceau de couenne dure.

TREBESCHE (fromage), 78 : Fromage triangulaire particulier au pays Fontenay.

TRESCARPIN, 70 : Pillard, ravageur.

TREURE, 34 : Trouver, par suppression du *v* ; ce qui a maintenu, dans la plénitude de sa prononciation, le *r* de l'infinitif. On dit aussi *trour* et au participe *troué*. *La Gente Poetvin'rie* nous fournit plusieurs exemples de ce verbe employé à des temps divers. Nous ne citerons que ceux-ci :

> » Y te trüe si jolie. »
>
> IIe part. P. 82.

> » Y vain do labourage
> » Auprez de ma moison,
> » Ponse trouy ine fame,
> » Y ne treüe qu'in piron. » (Oison).
>
> *Ibid*, p. 83.

> » O qui troüi le cas estronge. »
>
> *Id.* Ire part., p. 32.

Treüre rappelle la prononciation picarde. L'Anc. Français, qui tenait beaucoup du dialecte de la Picardie, disait *treuver*. (V. ROQUEFORT). *Troüy*, employé également à l'infinitif et au prétérit dans les exemples ci-dessus, est une forme plus moderne qui a sa base dans la prononciation actuelle des infinitifs et dans la similitude des sons *er* et *ai* de ces deux temps. L'Ancien Français a dit de même *troz*, *truis :* je trouve, *troerrai :* je trouverai. (V. ORELL, p. 123 et 124.)

TRISERPINE, 78 : Femme méchante, acariâtre; diablesse par allusion à Proserpine qui, pour les paysans du Poitou, est la femme du diable. Y a-t-il là une tradition du paganisme? est-ce tout simplement une expression passée des écoles à la campagne? le choix de la syllabe *tri* a-t-il eu lieu dans le dessein de dire que l'être ainsi désigné réunit la malice de trois serpents? On ne saurait le décider. Il est même très-possible que ces diverses causes aient concouru à la formation de ce nom.

TOUAILLES, 25 : Nappes. *La touaille est prête*; la nappe est mise. *Touaillay* se dit pour *manger*. *Touaille* a été français jadis (V. ROQUEFORT). En Roman, il fait *toalha ;* en Catalan, *tovalla* ; en Espagnol, *toalla* ; en Portugais, *toalha* ; en Italien, *tovaglia;* Anc. Fr. *toaille* et *touaille*.

TOUQUÉ, 52 : Ce mot, qui est le même que celui de *toucher* prononcé à la picarde, s'est spécialisé dans le sens de *frapper*. On dit en Berry, *il est toqué*, pour il a la cervelle fêlé. (V. le *Voc. du Berry*.)

TOURTRES, 80 : Tourterelles. Tourtre et tourte ont été français ; on trouve le premier dans NICOT et le second dans ROQUEFORT. Tourtre est usité en Berry. (V. le *Voc. du Berry.*)

TRAULÉE, 68 : Suite, sequelle, ribambelle, en dialecte génevois, *tralée :* une *tralée* d'enfants. Le mot roman,

6·

tralh, traîne, piste, doit être la souche de ces mots. Il y a , entre *tralh* et *trallée*, le même rapport qu'en français entre *train* et *trainée*. Il n'y a qu'une différence orthographique entre *tralée* et *traulée* comme le prouvent les anciens mots *tral* et *traul* : trou, défilé, gorge, sentier. (V. ROQUEFORT.)

TRECHAY, 11 : Chercher ; *trechant*, 21 : cherchent : *trechas*, 47 : je cherchais (V. le mòt *quiare*.)

TROIL, 23, *trouil* : Dévidoir pour mettre le fil en écheveau. En Berry *travoir* et *travouet*; (V. le *Vocabulaire du Berry*) ; à Rennes, *travouil*, comme dans l'Ancien Français. Le *travouil*, instrument formé de quatre pièces de bois , endentées l'une dans l'autre , à angles droits , sur lequel les pêcheurs plient leur ligne, représente assez le *troil* des ménagères.

TUDEAS , 69 : *Tudeau*, nom propre.

UMEA , 75 : Ormeau ; du latin *ulmus* ; Ancien Français , *oulme* et *oume*. Ce mot s'est conservé sans altération dans le nom du bourg d'*Oulmes*, entre Niort et Fontenay , appelé *Ulmus* dans les chartes du Xᵉ siècle, conservées dans le recueil de D. FONTENEAU à la bibliothèque de Poitiers.

VAUT , 76 : Oui. (V. le mot *voil*.)

VEGUIU, 46 : Voulu. (V. *Devinguit*.) *Vegüiu* a la prononciation spéciale qui a été expliquée au mot *quiare*. Il en est de même *fauguiü* , *vainguiü*, etc. 46.

VENUES (daux), 61 ; Des troupes, des foules de gens qui se suivent.

VERRE (ma fas), 63 : Ma foi, vraiment (V. *Damvere*).

VERTUGOY, 69 : Modification euphémique de *vertuguieu*; ce qui signifie : *Vertu de Dieu* (V. *Jarnigoy*.)

VESE, 32 : Cornemuse, se dit aussi à Rennes. Dans l'arrondissement de Civray (Vienne), on donne encore à la *vese* le nom de *chevrie* ; et Drouhet (*Moirie de sen Moixont*, p. 8) a dit : *do Joüou de chevrie:* des joueurs de chevrie.

VIE (fait la), 20 : C'est à dire se fâche, s'emporte, exprime de toute sa force (*vie*) son indignation. On trouve la même locution, p. 61

VIRPLAU, 63 : Mot formé de *virer*, tourner et de *plau*, cheveux, et qui désigne un galon en étoupe que les femmes de la campagne tournent avec leurs cheveux pour les soutenir et les placer en rond sur le derrière de la tête. C'est avec un galon de ce genre que l'on tient à la main la soupière à deux anses dont on se sert généralement pour porter la soupe aux travailleurs dans les champs.

VITIS, 23 : Le *vitis* est une espèce de grand sarrau qui constitue à lui seul l'habillement complet des enfants. Ce terme est en réalité un substantif analogue de sens et d'origine au mot français, *vêtement*, mais dont le sens a été spécialisé.

VOIL, 15 : Oui, pour *oil*, le *v* n'étant qu'une forme plus caractérisée de l'aspiration avec laquelle on prononçait *oil*. Il en est de même de *vaut* et *veau* 76 (*Miz.* 25) altérations de *voil*; à moins que l'on aime mieux rapporter ce mot à *oui*, avec l'addition du *v*. *Voil* se prononce *voual* qui, privé de son aspiration, produit, sauf une presque imperceptible différence, le même son que *oual* (oui*)*, que l'on trouve dans le *Chastoiement*. *Voil* s'est de plus modifié en *voy*, 63.

VOURE, 10 : Où. Cette singulière altération de la conjonction *où* vient de ce qu'on a ajouté un *v* euphonique, comme on l'a fait pour *voil*, oui, et *re* pour éviter les hiatus. *Doure*, 45 : d'où; *lavoure*, 15 : là où, en sont formés. *Voure* se contracte souvent en *vr*, comme dans *vralas* : 64 : où allais-tu? *vroliat*, 64 : où il y a, *vrolat*, 15 : là où a,... forme dans laquelle l'insertion *ol* paraît être une imitation de *vroliat*, mais où elle n'a lieu que pour l'euphonie et non pour le sens, puisque le sujet de la phrase est indiqué plus loin. Exemple : *vrolat ses beux le Grand-Louis*, 15. Il faut en dire autant de *vrolest*, 65 : où est.

VREDASSE (donner la) 75 : Donner la chasse, mettre en fuite. On lit dans *la Gente Poetvin'rie :*

» Mez moitenant les Maltoutez
» Avant touz augeu la vredasse. »

IIe part. p. 61.

» Et Léopol dons l'ambaras,
» Prit la vredace. »

Ibid. p. 73.

Y te feray vredé est une expression fort usitée pour dire : je te chasserai, je te ferai sauver à coups d'étrivières. Citons, sur la signification de ce verbe *vredé*, le refrein de la *Chanson jeouse in langage poetevinea... do sege mis devont poeters pre l'Amiro.*

» Et vredont ilg cez Hugueno,
» Vredront ilg pas cez Minœstres
» Et tot cez bea Hugueno? »

Gent. Poet. 1re part., p. 82.

Z. Addition euphonique. Elle a pour origine le *s* final
dont la prononciation ne se faisait sentir que devant
les mots commençant par une voyelle. Elle est devenue
depuis d'un usage général pour éviter l'hiatus. Exemples :
Quielay Zérage, 70, pour *quielay eragé; glau zaime ,*
pour *gl'au aime;* près de *Zeaux,* 66 : prêt d'eux ; *j'auz*
ay fait, 65 : pour *j'au ay fait.* C'est ainsi qu'en Français
on prononce *quatre z-yeux*.

TABLE ALPHABÉTIQUE

DES AUTEURS CITÉS.

—

AMPÈRE (J.-J.). Histoire de la Littérature française au moyen âge. — Histoire de la formation de la langue française.—*Paris*, 1841, in-8.

BARBAZAN (Etienne). V. *Méon.*

BÉRONIE (Nicolas). Dictionnaire du patois du Bas-Limousin (Corrèze), et plus particulièrement des environs de Tulle; ouvrage posthume, mis en ordre, augmenté et publié par Joseph-Anne Vialle.— *Tulle, Drapeau*, 1823, in-4.

CONRADI (Matth.). Praktische Deutsch-Romanische Grammatik.—*Zurich*, 1820, in-8.

COQUEBERT DE MONTBRET. Mélange sur les langues, dialectes et patois.—*Paris*, 1831, in-8.

DICTIONNAIRE UNIVERSEL FRANÇOIS ET LATIN, vulgairement appelé le Dictionnaire de Trévoux.—*Paris*, 1771, 8 in-fo.

DIEZ (Friedrich). Grammatik der Romanischen Sprachen.—*Bonn*, 1836-1842, 3 in-8.

DROUHET (Jean). La Moirie de Sen Moixont o lez vervedé de tre toutes lez autres, ensemble la Mizaille à Tauni toute birolée de nouvea que l'Amprimo emmoule, comedie poictevine.—*Poictiers, Amassard*, 1661-62, in-8.

Nota.—L'auteur y a joint l'explication des mots poitevins les plus difficiles, mais sans ordre alphabétique.

Sont du même auteur :

DIALOGUE POICTEVIN de Michea Perot, Jouset, huguenots, et Lucas, catholique, sur ce qui s'est passé à la
conversion de M. Cotißi, ministre de Poictiers, le jeudi,
jour de la Cène, et le jour de Pasques.—*Poictiers, Amassard*, in-8.

LES BON ET BEA PREPOU DO BOUN HOME BRE-
TAU, etc.

DUCANGE (CAR. DUFRESNE DOM.). Glossarium ad scrip-
tores mediæ et infimæ Latinitatis. Editio locupletior, opera
et studio monachorum ordinis S. Benedicti. — *Parisiis*,
1733, 6 in-f⁰.—Supplementum, auctore D. D. P. Carpen-
tier.—*Parisiis*, 1766, 4 in-f⁰.

FALLOT (GUSTAVE). Recherches sur les formes gram-
maticales de la langue française et de ses dialectes au
XIIe siècle, publiées par Paul Ackermann.—*Paris*, 1839,
in-8.

D. FONTENEAU. Ses Recueils manuscrits déposés à la
Bibliothèque de Poitiers.—89 in-f⁰.

FURETIÈRE (ANTOINE). Dictionnaire universel, contenant généralement tous les mots françois. — *La Haye et
Rotterdam*, 1694, 2 in-f⁰.

LA GENTE POETEVIN'RIE.—*Poeters, pre Jon Fleu-
ręa*, 1660.—Deux parties en un volume petit in-12.

GLOSSAIRE GÉNEVOIS, ou Recueil étymologique des
termes dont se compose le dialecte de Genève.—2e *édition,
Genève*, 1827, in-8.

HÉCART (G.-A.-J.). Dictionnaire Rouchi-Français.—
Valenciennes, 1833, in-8.

MARIE DE FRANCE. Poésies de Marie de France,

poëte anglo-normand du xiiie siècle, publiées par B. de Roquefort.—*Paris*, 1819-1820, 2 in-8.

MÉNAGE (GILLES). Dictionnaire étymologique de la langue françoise; nouvelle édition corrigée et augmentée par A.-E. Jault.—*Paris*, 1750, 2 in-f^o.

MÉON (DOMINIQUE-MARTIN). Fabliaux et Contes des poëtes françois des xie, xiie, xiiie, xive et xve siècles, tirés des meilleurs auteurs, publiés par Barbazan. Nouvelle édition augmentée et revue par D.-M. Méon.—*Paris*, 1808, 4 in-8.

LA MINISTRESSE NICOLE, dialogve poictevin de Iosvé et de Jacot, ou l'Histoire au vray de ce qui arriva chez le ministre Du Sou et dans le temple des Huguenots de Fontenay, le premier iour de mai 1665. — *Poitiers*, Henri Oudin, in-12. (Édition publiée par M. Pressac à 25 exemplaires et suivie d'un *Glossaire*.)

NICOT (JEAN). Trésor de la Langue françoise, tant ancienne que moderne.—*Paris*, 1606, in-f^o.

OBERLIN. Essai sur le Patois lorrain des environs du comté du Ban de la Roche.—*Strasbourg*, 1775, in-12.

ORELL (CONRAD VON). Alt-Frænzœsische Grammatik.—*Zürich*, 1830, in-8.

PASQUIER (ETIENNE). Ses Œuvres... et Lettres de Nic. Pasquier, fils d'Etienne.—*Amsterdam* (*Trévoux*), 1723, 2 in-f^o.

PLUQUET (FRÉDÉRIC). Contes populaires, préjugés, patois, proverbes, noms de lieux de l'arrondissement de Bayeux.—2e *édition*, *Rouen*, 1834, in-8.

POÈME SUR BOÈCE. Se trouve dans le choix des poésies originales des Troubadours, par Raynouard.

6**

POÈME DE SAINTE EULALIE. Se trouve dans Elno-
nensia, monuments des langues Romane et Tudesque
dans le ixe siècle, contenus dans un manuscrit de l'ab-
baye de Saint-Amand conservé à la Bibliothèque publique de Valenciennes, publiés par Hoffmann de Fallersle-
ben, avec une traduction et des remarques par J.-F.
Willems.—*Gand*, 1837, 61 gr. in-8.

QUATRE LIVRES DES ROIS (les), traduits en français
du xiie siècle, suivis d'un fragment de moralités sur Job
et d'un choix de sermons de saint Bernard, publiés par
M. Leroux de Lincy (de la Collection des Documents inédits sur l'Histoire de France).—*Paris*, 1841, in-4.

RABELAIS. Œuvres ; édition publiée avec des notes,
par L. Jacob (Paul Lacroix), bibliophile.—*Paris*, 1841,
in-12.

RAYNOUARD (Fr.-Juste-Marie). Grammaire comparée
des langues de l'Europe latine dans leurs rapports avec la
langue des Troubadours. —*Paris*, 1821, in-8.

Le même. Choix des poésies originales des Troubadours.
—*Paris*, 1816 à 1821, 6 in-8.

Le même. Lexique ou Dictionnaire de la langue des
Troubadours.—*Paris*, 1838-1844, 6 in-8.

ROMAN DU RENART (le), publié d'après les Manuscrits de la Bibliothèque du Roi des xiiie, xive et xve siècles, par D.-M. Méon.— *Paris*, 1826, in-8.

RONSARD (Pierre de). Œuvres.—*Paris*, 1609, in-fo.

ROQUEFORT (J.-B.-B. de). Glossaire de la Langue
Romane.—*Paris*, 1808-1820, 3 in-8.

ROY DE GELLES. Le Tirage, ou les Sorciers, poème
en langue auvergnate.—*Clermont*, 1836, br. in-8.

RUTEBEUF, *trouvère du* XIIIᵉ *siècle*. Œuvres publiées par Ach. Jubinal.—*Paris*, 1839, 3 in-8.

SAUVAGES (l'abbé DE). Dictionnaire Languedocien-François.—*Nîmes*, 1785, 2 in-12.

SCHMID (REINHOLD). Die Gesetze der Angelsachsen (Iʳᵉ *partie*).—*Leipzig*, 1832, in-8.

VOCABULAIRE DU BERRY et de quelques cantons voisins, par un amateur du vieux language (M. Jaubert). —*Paris*, *Roret*, 1842, in-8.

WACE (ROBERT). Roman du Rou et des Ducs de Normandie (le), publié par Fréd. Pluquet. — *Rouen*, 1827, 2 in-8.

POITIERS. — IMP. DE HENRI OUDIN.

www.ingramcontent.com/pod-product-compliance
Lightning Source LLC
Chambersburg PA
CBHW050012100426

42739CB00011B/2615